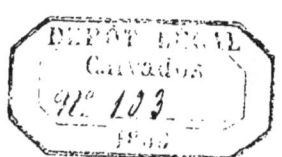

SIÉGE ET PRISE DE CAEN

PAR LES ANGLAIS

TIRÉ A 202 EXEMPLAIRES.

  20 sur papier raisin vergé dit de Hollande.
   6 sur papier chamois vergé de Rives.
   3 sur papier vert   id.   id.
   3 sur papier rose   id.   id.
170 sur papier glacé   id.   id.

SIÉGE
ET
PRISE DE CAEN
PAR LES ANGLAIS
EN 1417

ÉPISODE DE LA GUERRE DE CENT ANS

PAR M. LÉON PUISEUX

PROFESSEUR AGRÉGÉ D'HISTOIRE AU LYCÉE IMPÉRIAL DE CAEN
ARCHIVISTE DE LA SOCIÉTÉ DES ANTIQUAIRES DE NORMANDIE

CAEN
LE GOST-CLÉRISSE, ÉDITEUR
Rue Écuyère, 36

M D CCC LVIII

A M. TONNET,

Préfet du Calvados, directeur de la Société des Antiquaires de Normandie.

Monsieur le Directeur,

C'est sous vos auspices que ce petit livre a été écrit. En vous priant d'en accepter l'hommage, j'ai voulu acquitter, pour une faible part, la dette de reconnaissance que notre Compagnie a contractée envers le magistrat qui l'a gratifiée d'une si honorable hospitalité, envers le Directeur qui a imprimé une impulsion si féconde à ses travaux.

Léon PUISEUX.

Caen, Avril 1858.

La première moitié du XVe. siècle a été, pour la France, pour la Normandie surtout, une époque féconde en malheurs; et j'ai peut-être à me justifier de venir, après tant de siècles, raviver les antiques blessures de notre patrie. Cependant, l'avouerai-je? il y a dans le spectacle de ces misères et de ces luttes héroïques un singulier attrait. Serait-ce une satisfaction donnée à cette curiosité égoïste qui, du rivage, contemple l'effort désespéré du naufragé contre la tempête (1) ? Ou bien, si c'est une tâche enviée, et qui flatte l'amour-

(1) Lucrèce, *De rerum naturâ*, l. II.

propre national, que de raconter la gloire et les grandeurs passées du pays, n'y aurait-il pas aussi un secret orgueil à se faire l'historien des causes perdues? Je fais profession, pour ma part, d'un sentiment plus généreux et plus légitime. Il y a, pour les hommes dont la vie a long-temps été battue par les orages, une jouissance intime à se rappeler, dans les jours paisibles, les périls et les souffrances d'autrefois (1). Tout ainsi que les individus, les nations ont ce charme du souvenir; et, si peu que l'on aime à se détacher, par instant, des labeurs et des préoccupations du jour, pour vivre dans le commerce et la solidarité des ancêtres, c'est avec une sympathique émotion qu'on suit ou qu'on retrace leurs infortunes noblement supportées, leurs sacrifices vaillamment accomplis. Combien plus vif sera ce sentiment, si de ces solennelles épreuves que Dieu envoie aux nations, moins pour les châtier, sans doute, que pour les sonder et les instruire, il est sorti une France régénérée, ayant conscience d'elle-

---

(1) ... *Forsan et hæc olim meminisse juvabit.* — Virg., Æn., l. 1.

même et prête pour de grandes destinées! Envisagée de ce point de vue, l'histoire de nos malheurs domestiques n'aura plus rien d'amer ni d'irritant : ce sera à la fois une leçon et une consolation.

L'épisode que j'entreprends d'esquisser ici appartient au début de cette douloureuse expérience qu'eut à subir la Normandie pendant trente-cinq ans, de 1415 à 1450. La prise de Caen a été le premier acte de la seconde expédition de Henry V en France, le vrai point de départ de la conquête de la Normandie et du royaume. Cette ville eut l'honneur d'arrêter pendant un mois ce roi d'Angleterre, le plus grand homme de guerre de son temps, et l'élite de la nation anglaise, tout ardente encore du triomphe récent d'Azincourt : et, quand elle eut succombé, elle fut pendant deux ans le quartier-général de la domination anglaise, le centre de cette savante administration que Henry V étendit successivement à toute la Normandie.

D'où vient que cet événement ait été laissé par tous nos historiens français dans une ombre très-voisine de l'oubli? Les contemporains, tels que le Religieux de Saint-Denys, Juvénal des Ursins, Lefèvre de Saint-Rémy, la Chronique de Normandie elle-même, lui accordent à peine une mention de quelques lignes, de quelques mots; les modernes, et parmi eux les plus illustres, MM. de Sismondi, de Barante, Michelet, Henri Martin, ont imité leur silence. Préoccupés des combats furieux que se livraient les Bourguignons et les Armagnacs au cœur du pays, les uns et les autres ont fait comme le gouvernement de Charles VI; ils ont oublié la Normandie qui s'immolait pour tous aux confins de l'Océan (1). Les

(1) Les historiens du temps sont, en général, si mal informés de ce qui se passe alors en Normandie, que Pierre de Fénin fait débarquer Henry V, dans sa seconde expédition en 1417, à Harfleur au lieu de Touques; que Lefèvre de Saint-Remy place cette seconde expédition en 1418, et la soumission d'Harcourt, de Verneuil et d'Evreux avant celle de Caen. Sismondi, lui-même, qui est une autorité parmi les modernes, fait capituler Honfleur le 3 août 1417, trois jours après le débarquement de l'armée anglaise, tandis que cette ville ne capitula que deux ans après, le 25 février 1419, et n'ouvrit ses portes que le 16 mars suivant. Pour ce qui est de Caen, c'est à peine s'il en cite le nom en passant : « Cependant, dit-il, toutes les places de Normandie tombaient les unes après les autres aux mains de Henry V. *Auvilliers* (Auvillars), *Villiers* (Villers), Caen, Bayeux, Laigle, avaient capitulé. » Voilà tout. Notre cité méritait, ce semble, un peu plus d'honneur.

témoignages pourtant ne manquaient pas. Nous avions des actes contemporains et authentiques ; nous avions les récits des chroniqueurs anglais, qui, tout en exaltant les triomphes de leur nation, ne dédaignent pas de raconter les efforts des vaincus : justice intéressée, j'y consens, mais qui nous rend notre bien.

Un seul écrivain, jusqu'ici, a entrepris de combler cette lacune : c'est le savant auteur des *Essais historiques sur la ville de Caen*, l'un des pères de l'archéologie normande, l'abbé De La Rue, qui publiait, il y a vingt ans, une courte et intéressante notice sur le siége de Caen par les Anglais (1). C'est, sans doute, de ma part une grande témérité que d'aller sur les brisées d'un homme si bien instruit de notre histoire locale. Cependant, des informations plus complètes, plus exactes peut-être, et des documents que n'a pas connus l'abbé De La Rue (2), m'ont persuadé

---

(1) *Revue anglo-française*, t. V, p. 351 et suiv.

(2) Je citerai particulièrement une chronique manuscrite de Henry V (*Chronicon Henrici quinti, qui Henricus de Monmuth ortus est*, ab an. MCCCCXIII ad MCCCCXXII), rapportée autrefois d'Angleterre par le savant Pierre Pithou, l'un des auteurs de la *Satyre Ménippée*, et

qu'on pouvait encore reprendre ce sujet après lui.

N. B. Pour aider à l'intelligence du récit, j'y ai joint un tracé de la ville et des principales opérations du siége; sans prétendre, toutefois, donner un plan complet de Caen au XVe. siècle. Je n'y ait fait entrer que ce qui touchait essentiellement à mon sujet. Je me suis appuyé sur le plan en perspective dressé par De Bras, vers 1562 (1) et communiqué par lui à Belleforest, ainsi que sur les plans publiés au XVIIe. et au XVIIIe. siècles, par Huet et par M. De La Londe : mais j'ai évité de rien faire entrer dans cette esquisse, qui n'appartînt authentiquement au XVe. siècle.

classée aujourd'hui parmi les manuscrits de la Bibliothèque impériale, sous le numéro 6239. Ce livre, dont l'écriture appartient au XVe. siècle, est l'œuvre d'un contemporain qui a gardé l'anonyme, mais qui, tout l'indique, accompagnait le roi d'Angleterre dans son expédition : j'y ai puisé de précieux renseignements.

(1) Pièces justificatives, n°. 1.

SIÉGE

ET

PRISE DE CAEN

PAR LES ANGLAIS

EN 1417

I.

CAEN AU COMMENCEMENT DU XVe. SIÈCLE. — POPULATION, COMMERCE, INDUSTRIE. — ASPECT DE LA VILLE.

Métropole de la contrée qui s'étend entre la Seine, les collines du Perche, les marches de Bretagne et la mer, et qu'on appelait communément la Normandie *d'outre-Seine*, Caen figurait, en 1417, parmi les grandes cités du royaume. Plus de 40,000 âmes remplissaient sa vaste enceinte (1). Ce chiffre, très-considérable pour l'époque, s'explique par l'insécurité des campagnes, par l'abri qu'offrait aux populations le

---

(1) Pièces justificatives, n°. 2.

système complet de fortifications dont la ville venait d'être récemment dotée; enfin, par l'attraction qu'exercent d'ordinaire, autour d'eux, les grands foyers commerciaux et industriels. Située au milieu d'une plaine dont les écrivains de tous les temps ont célébré la fertilité et l'abondance, présentant partout des abords faciles, communiquant, par un fleuve navigable, avec la mer qui, chaque jour, venait baigner son port, cette ville était à la fois un entrepôt agricole, un centre d'activité manufacturière, une importante place de commerce (1). Les blés, les cidres, les bestiaux, les chevaux affluaient sur ses marchés; les Espagnols lui apportaient leur fer, leur acier, leurs cuirs ouvragés; les Génois, les épices de l'Orient; les Hanséatiques, les fourrures du Nord. Ses ar-

---

(1) Au XIIe. siècle, le moine voyageur Raoul Tortaire parlait ainsi de Caen :

> Portus habet grandes sibi quas mittit mare naves.
> . . . .
> Terra ferax segetis.

Au XIIIe., Guillaume Le Breton en faisait la description suivante :

> Villa potens, opulenta, situ spatiosa, decora,
> Fluminibus, pratis et agrorum fertilitate,
> Merciferasque rates portu capiente marino.
>   (*Philippid.*, lib. VIII).

Au XIVe., Froissart la représente comme « pleine de très grand'ri-
« chesse, de draperie et de toutes marchandises, de riches bourgeois,
« de nobles dames et de moult belles églises. — » Liv. I, part. I,
chap. CCLXXI.

mateurs allaient chercher les vins de la Guienne, que les Rouennais leur demandaient ensuite pour les distribuer à Paris et dans le nord de la France. Ses marchands fréquentaient les principales foires de l'Europe, où ils avaient des quartiers. L'industrie locale fournissait un large contingent aux exportations : on expédiait à Londres la pierre si recherchée de nos environs ; on fabriquait des armes, de la coutellerie, une espèce de bourses appelées *tasques* (1), et des toiles fines si estimées, qu'un bourgeois de Caen, Jean Le Painteur, avait obtenu récemment les brevets de fournisseur des nappes de la reine de France et de la reine d'Angleterre (2). Mais les grandes fabrications de la ville, c'étaient la tannerie, la teinture, la draperie, qu'alimentaient l'abondance du gros bétail, de vastes champs de vouède, et de nombreux troupeaux de bêtes à laine dont les abbayes et les gentilshommes du pays ne dédaignaient pas de perfectionner la

---

(1) Ces bourses jouissaient encore d'une grande renommée au XVIIe. siècle : lors de l'entrée de Henri IV et de Marie de Médicis, en 1603, le corps de la ville offrit à la reine un riche coffret qui en renfermait douze (Relation publiée d'après les registres de la ville, par M. Trebutien, 1842).

(2) Reg. des tabellions de Caen, cité par l'abbé De La Rue. Pour tout ce qui concerne le commerce de Caen à cette époque, je renvoie à l'excellent chapitre sur l'*ancien commerce de la ville de Caen*, inséré par cet écrivain dans ses *Essais historiques*, t. II, p. 296-348.

race (1). On peut juger de l'importance de la draperie de Caen par ce fait, qu'Edouard III, après le pillage de la ville, expédia à Londres 40,000 pièces de drap. Cette industrie, promptement remise d'une pareille catastrophe, était, en 1417, dans toute sa prospérité. La seconde invasion anglaise allait lui porter un coup dont elle ne se relèverait jamais.

A côté de ces marchands dont les riches magasins s'étalaient surtout dans la rue des Quais, de cette nombreuse population ouvrière, reléguée généralement dans les faubourgs (2), les actes du temps signalent un grand nombre de familles riches, et comme on disait autrefois, vivant noblement. Les unes appartenaient à la noblesse féodale et militaire, qui commençait à abandonner ses manoirs campagnards pour habiter à la ville de somptueux hôtels ; les autres, à une sorte d'aristocratie bourgeoise et patricienne, ayant son origine au comptoir et dans les offices royaux, et qui n'était ni moins opulente ni moins magnifique que la première : témoin cette grande maison des Quatrans, reste imposant et vénérable

---

(1) *Statistique monumentale du Calvados*, par M. de Caumont, t. I, p. 360. Voir, pour ce qui concerne la draperie de Caen, aux pièces justificatives, n°. 3.

(2) Pièces justificatives, n°. 4.

de l'architecture plébéienne au XIVe. siècle (1). A ces diverses classes ajoutons le clergé de treize ou quatorze paroisses, et l'innombrable personnel de près de trente monastères ou établissements conventuels.

L'aspect extérieur de la ville en faisait ressortir encore l'importance et la grandeur. Assis entre deux larges et vertes prairies, avec le majestueux donjon qui dominait de cent pieds les remparts élevés et sombres de son château, avec sa blanche ceinture de murailles et de tours fraîchement bâties, le beffroi de son Hôtel-de-Ville, les tourelles et les pignons de ses hôtels, avec les clochers de ses églises et les deux magnifiques abbayes qui l'encadraient à l'Orient et à l'Occident, Caen présentait à l'étranger surpris le profil d'innombrables saillies découpées sur l'horizon, celles-ci massives et colossales, celles-là vives et élancées ; un merveilleux entassement, enfin, de flèches et de pyramides, qui lui avaient fait donner, par les marins du moyen-âge, le surnom de *Ville aux églises*.

---

(1) Rue de Geôle. Le *manoir Quatrans*, comme l'appelle Huet dans ses *Origines de Caen*, p. 97, fut bâti par le tabellion Jean Quatrans, vers 1380, et long-temps occupé par ses descendants. M. de Caumont a donné une vue de la façade de cette maison dans sa *Statistique monumentale du Calvados*, t. I, à la p. 44.

II.

TOPOGRAPHIE MILITAIRE DE CAEN. — AVANTAGES ET VICES DE SA FORTIFICATION. — LE SIRE DE MONTENAY, GOUVERNEUR EN 1417.

Telle était l'opulente cité contre laquelle Henry V allait amener toutes les forces de l'Angleterre. Ce n'était pas la première fois, depuis qu'elle était française, qu'elle voyait flotter sous ses murs les bannières britanniques. Edouard III l'avait emportée d'assaut, en 1346, l'avait pillée et occupée pendant trois jours. C'était alors une ville ouverte, n'ayant pour toute défense que le vieux château de Guillaume, le châtelet de St.-Pierre et quelques têtes de ponts. Cette cruelle expérience avait déterminé les rois de France à la couvrir d'un système continu de fortifications. Ce grand travail, poussé avec activité sous Philippe de Valois, Jean-le-Bon et Charles V, était maintenant presque achevé. Charles V avait même fait entourer de murs et de fossés les deux abbayes de St.-Étienne et de Ste.-Trinité, et l'église du Sépulcre. Ces édifices religieux, convertis en forts détachés et garnis d'artillerie (1), concouraient avec le château à la défense commune.

La ville proprement dite présentait alors la forme générale d'un rectangle incliné du N.-O. au S.-E. Une enceinte, fortifiée de distance en distance par des tours dont quelques-unes subsistent encore, l'enfermait entièrement, sauf en un point qu'on appelait l'Ile-des-Prés. Trois des côtés étaient défendus, en outre, par le lit principal de l'Orne et deux bras de cette rivière, fossés naturels qui baignaient le pied même des murs. Le quatrième côté, protégé par de hautes murailles et des fossés profondément creusés dans le roc, était flanqué, d'un côté, par le fort de l'abbaye St.-Étienne; de l'autre, par le château dont le rempart méridional se confondait avec la ceinture de la ville

Cet appareil de défense, si formidable qu'il paraisse, avait pourtant deux vices essentiels. Si les forts des deux abbayes étaient pour la place de puissants auxiliaires, c'était à la condition toutefois d'être garnis d'une force suffisante. Cette précaution négligée, et si ces points tombaient

---

(1) Voir aux Pièces justificatives, n°. 3.

au pouvoir de l'ennemi, au lieu d'un moyen de défense, ils constituaient un danger terrible pour la ville dont ils dominaient les murailles et commandaient l'intérieur.

En second lieu, la ligne d'enceinte était interrompue, au Sud, par le bras septentrional de l'Orne et le bras méridional de l'Odon, qui, en se réunissant pour traverser la ville, formaient l'Ile-des-Prés, alors inhabitée, et qu'occupent aujourd'hui la Préfecture, l'église Notre-Dame et la place Royale. Cette île, de forme triangulaire, ayant sa base à la grande prairie, son sommet au moulin de St.-Pierre, s'enfonçait comme un coin dans la ville, et la coupait en deux parties : au Nord, l'ancien Caen ; au Sud, le vaste quartier nommé l'île St.-Jean. Par une inexplicable imprévoyance, on avait négligé de fortifier cette île. On s'était contenté de couvrir les berges opposées, d'un côté, par les Petits-Murs; de l'autre, par le boulevard des Jacobins. Cette position, une fois au pouvoir de l'ennemi, le conduisait au cœur de la ville. Ces circonstances devaient avoir une influence fatale sur le résultat du siége (1).

(1) Pour la topographie de la ville, j'ai consulté et comparé De Bras, *Antiquitez*, etc.; Huet, *Origines*, etc.; De La Rue, *Essais historiques*, etc., ainsi que le plan de Caen au XVIe. siècle, communiqué par De Bras à Belleforest. Ce plan, publié par Belleforest, dans sa *Cosmographie*, sous le titre de *Vray pourctrait de la ville de Caen*, a

Le gouvernement de la ville et du château appartenait alors au sire de Montenay, vaillant chevalier qui, l'année précédente, avait commandé les hommes d'armes de la flotte française dans la bataille livrée par le bâtard de Bourbon aux Anglais, à l'embouchure de la Seine. Homme de grand sens et d'expérience, il avait été appelé plus d'une fois au maniement des hautes affaires du royaume. Je retrouve son nom parmi les membres du Grand-Conseil, et parmi ceux d'une commission qui fut nommée, en 1410, pour réformer et administrer l'État (1). En 1417, il était gouverneur du château et capitaine de la ville de Caen, charge que son aïeul et deux de ses parents maternels avaient occupée pendant trente et un ans (2). Les grands biens qu'il avait dans le pays (3) ajoutaient encore à la considération que lui donnaient ses charges. Il se rattachait par ses relations personnelles, et avec la plus

---

été reproduit dans la réimpression de De Bras, par M. Trebutien ; Caen, 1823.

(1) V. la *Chronique de Charles VI*, par le Religieux de Saint-Denys, publiée par M. Bellaguet, t. V et VI, *passim* ; Monstrelet, *passim*.

(2) Yvon de Garencières (1380-1389) ; Jean de Garencières, son frère (1389-1409) ; Jean de Garencières, fils du précédent (1409-1411), destitué, en 1411, par le duc de Bourgogne, alors président du Conseil.

(3) La plus grande partie du faubourg St.-Julien relevait du fief de Montenay. Guillaume tenait, en outre, de sa mère la vicomté de Fontenay-le-Marmion.

grande partie de la noblesse normande, à la maison d'Orléans. Les sympathies de la bourgeoisie de Caen, bien que contenues et pures des excès qui, partout ailleurs, ensanglantaient le royaume, inclinaient, au contraire, vers le parti démocratique de Bourgogne (1). Mais ces tendances diverses, dominées par le sentiment de l'intérêt public, ne semblent avoir altéré en rien la confiance réciproque de la population et de son chef. Plus que jamais cette union allait être nécessaire.

(1) Caen avait refusé, en 1405, de recevoir les lettres du duc d'Orléans. Quelques années plus tard, le bailli et les bourgeois de Caen prirent les armes pour arrêter des ambassadeurs porteurs d'un traité d'alliance entre les princes du parti d'Armagnac et le roi d'Angleterre ; et peu après, le petit peuple, dans l'exaspération où l'avait jeté cette trahison, démolit la halle au pain, qui appartenait à un fougueux armagnac, Bertrand Campion. C'est la seule circonstance où la population de Caen, dans le cours de ces abominables luttes, se soit départie de sa modération habituelle.

III.

DÉBARQUEMENT DU ROI D'ANGLETERRE A TOUQUES. — MESURES DE DÉFENSE PRISES PAR LES MAGISTRATS DE CAEN. — FAIBLESSE DE LA GARNISON. — COURAGEUSE RÉPONSE DES HABITANTS A HENRY V. — ILS S'OPPOSENT A LA DESTRUCTION DES DEUX ABBAYES.

Dans la nuit du 1er. au 2 août 1417, une étonnante nouvelle vint tomber à Caen comme un coup de foudre. Une flotte innombrable, pavoisée aux couleurs d'Angleterre, avait paru inopinément la veille à l'embouchure de la Touque et y avait débarqué une armée anglaise, commandée par le roi lui-même. La garnison de Touques, ramenée dans le château, après une impuissante sortie, était maintenant investie. Les jours suivants, les informations se succédèrent, de plus en plus effrayantes. Touques avait capitulé le 3; Auvillars, le 7; un détachement de l'armée anglaise avait mis le siége devant Honfleur, qui résistait; un autre avait couru sur Lisieux, ville ouverte et sans défense : la population avait fui en masse, et l'ennemi n'y avait trouvé qu'une femme gardant un vieillard infirme ; enfin, le 13, le roi d'Angleterre était à Dives (1). En même temps, un convoi, chargé de grosse artillerie, avait forcé l'embouchure de l'Orne. Déjà affluaient aux portes de la ville, avec leurs familles et leur chétif mobilier, des bandes de paysans effarés, fuyant devant les Anglais qu'ils s'imaginaient être, dit l'évêque de Lisieux, Thomas Basin, non des hommes, mais des bêtes dévorantes (2).

Le sire de Montenay, le grand-bailli Charles de Mauny, sire de Lingèvres, et les *Conseillers-Gouverneurs* de la ville (3) se hâtèrent de prendre

---

(1) Pièces justificatives, n°. 4.

(2) « Populus, longa tunc pace, simul cum servitute, imbellis et « simplex nimis erat, æstimantibus pluribus non Anglos gentem atque « homines esse, sed immanes quasdam belluas, quæ ad devorandum « populum se effunderent. » Thomas Basin est l'écrivain connu sous le pseudonyme d'Amelgard et dont la Société de l'Histoire de France publie en ce moment la chronique.

(3) Antérieurement aux premières années du XIV°. siècle, Caen avait un maire, d'abord élu par tous les habitants, nommé plus tard par le Roi, sur une présentation de trois candidats. Ce fonctionnaire disparaît sous Philippe-le-Bel, pour faire place à six bourgeois, élus de trois ans en trois ans, et que nous voyons figurer, selon les temps, sous les noms de *jurés élus, pairs et jurés de la ville, conseillers-gouverneurs, échevins*. Sous Charles V, la présidence de ce Conseil, avec une partie des attributions de l'ancien maire, fut donnée au grand-bailli.
—De Bras, *Antiquitez*, etc., *passim*.

toutes les mesures usitées en semblable occurrence, et de mettre la place en état de soutenir un siége. Huit jours, dix au plus, c'était bien peu pour une pareille tâche. Les vicomtés du bailliage furent requises de fournir les vivres auxquels elles étaient tenues pour l'avitaillement du château. Les armes furent visitées, les canons et les machines mis en batterie. Un *arrière-guet* extraordinaire, composé de seize bourgeois notables, fut chargé de faire des rondes de nuit et de jour aux portes et sur les murailles (1). En même temps, chacun mettait en sûreté, dans le château, ce qu'il avait de plus précieux ; les églises y envoyaient leurs reliques, leurs vases sacrés, leurs riches ornements ; les particuliers y portaient leur argent, de l'orfévrerie, des étoffes et des meubles de prix. Il semblait qu'on désespérât déjà de la ville.

Les forces dont on disposait n'étaient, en effet, proportionnées ni à l'ennemi qu'on attendait, ni à l'étendue des ouvrages qu'on avait à occuper et à défendre. D'abord, les cinquante arbalétriers à cheval, qui, avec leurs valets, également à cheval, formaient un corps de cent cavaliers ; les vingt-deux dizainiers qui avaient sous leurs ordres une infanterie d'élite d'environ

---

(1) Pièces justificatives, n° 5.

500 hommes ; la milice bourgeoise, forte ordinairement de 2,000 hommes, mais qui, dans un cas urgent, pouvait être portée à 4,000 (1). La banlieue donnait, en outre, un millier d'hommes ; les habitants de Cormeilles étaient tenus de garder la forteresse de la porte Milet (2) ; les vassaux de St.-Gilles, celle de l'Abbaye-aux-Dames ; les vassaux du Bourg-l'Abbé, d'Ifs, d'Allemagne, etc., celle de St.-Étienne. A ces troupes urbaines Montenay n'avait à joindre que 400 hommes d'armes (3), c'est-à-dire 1,200 combattants environ, et un corps d'archers génois commandés par Philippe, de l'illustre maison des Grimaldi. Ajoutons, s'il faut en croire Monstrelet (4), qu'à la première annonce du danger, deux hardis capitaines étaient venus se jeter dans la place : c'étaient le sire de La Fayette, sénéchal de Poitou et maréchal de France, et le chevalier Jean Bigot, qui ont laissé l'un et l'autre

---

(1) Pièces justificatives, n°. 6.
(2) Ord. des rois de France. t. VI, p. 586, an. 1381. Pièces justificatives, n°. 7.
(3) C'est le chiffre donné par le Religieux de Saint-Denys, liv. XXXVIII, c. 12. Mais Juvénal des Ursins avance un fait qui, constaté, porterait une grave atteinte à l'honneur du sire de Montenay. « Celui-ci, dit-il, devait avoir avec lui 400 hommes d'armes ; et, en effet, recevait-il la solde pour ce nombre, mais il n'en avait réellement que 200. » L'énergique et vaillante conduite du sire de Montenay pendant ce siège semble démentir une pareille accusation.
(4) Monstrelet, liv. I, c. 190.

un nom redoutable aux Anglais. Le premier leur avait enlevé récemment la ville de Soubise, en Guienne (1). Il devait bientôt défendre contre eux Falaise et, plus tard, remporter à Beaugé un éclatant succès sur le duc de Clarence. Le second battit une petite armée anglaise aux environs de Mortain, en 1419, et décora l'église de Notre-Dame de Paris des drapeaux qu'il leur avait enlevés (2). Tous deux apportaient au sire de Montenay le secours de leur épée et de leur expérience; mais ils étaient venus seuls.

Si donc on fait le compte des forces de toute nature réunies à grand'peine dans les murs de Caen et de son château, on voit que cette ville n'avait à opposer à une armée de près de cinquante mille hommes, qui allait l'investir avec un matériel formidable, que 7,000 combattants au plus.

Le gouvernement incapable et précaire qui siégeait à Paris avait abandonné à elle-même cette partie de la Normandie, se contentant de disséminer quelques milliers de soldats dans d'innombrables forteresses (3). Du reste, pas de plan

---

(1) Relig. de St.-Denys, liv. XXXIV, c. 46.
(2) Id., liv. XL, c. 9.
(3) « Les bonnes villes et forteresses d'iceluy pays de Normandie se commencèrent moult fort à esmerveiller; car ils avoient peu de gens pour eux deffendre. Ainsi que vous avez ouy, estoit toute France en

général pour la défense, pas d'armée prête à courir aux points menacés : l'argent, la prudence, les hommes, tout manquait à la fois.

Les habitants de Caen, du moins, ne manquèrent ni à l'honneur de la cité, ni à cette France qui les délaissait. Aux lettres par lesquelles Henry V leur promettait, pour prix de leur soumission, la conservation de leurs anciennes franchises et de nouveaux avantages, ils ne daignèrent point répondre. Quelques jours plus tard, des hérauts d'armes vinrent en grand appareil les sommer de rendre la ville à Henry, duc de Normandie, roi d'Angleterre et de France. « Notre ville, répondirent-ils, est à notre seigneur naturel, le roi Charles. Nous la lui garderons fidèlement avec l'aide de Dieu, ou nous succomberons avec honneur (1). »

Certain maintenant d'être assiégé et dans un bref délai, le sire de Montenay convoqua un conseil de guerre, composé de ses officiers et des principaux habitants. Les hommes de guerre, comparant la faiblesse de la garnison aux nécessités de la défense, proposèrent un expédient énergique : c'était de raser les faubourgs et les

---

desrision et division, qui estoit chose bien propice pour le roy d'Angleterre. » — Lefèvre de St.-Remy, *Hist. de Charles VI*, c. xc.

(1) Relig. de St.-Denys, liv. XXXVIII, c. 12.

deux abbayes. Mais les bourgeois se récrièrent vivement contre la destruction de ces édifices, orgueil de la cité, consacrés par le long respect des peuples, monuments vénérables de la religion et de l'histoire nationale : plutôt leur propre ruine qu'une profanation sacrilége (1). L'opposition des bourgeois prévalut, scrupule héroïque qu'ils devaient payer de leur sang.

(1) Id., Ibid.

IV.

FORCES DE L'ARMÉE ANGLAISE. — PORTRAIT DE HENRY V ; SA TACTIQUE ET SON PLAN DE CAMPAGNE. — CAEN EST LA CLEF DE LA PROVINCE.—MARCHE DE L'ARMÉE ANGLAISE SUR CETTE VILLE. — GLOCESTER ENLÈVE LES DEUX ABBAYES.

Cependant Henry V avait mis en mouvement sur Caen ses forces partagées en trois corps (1). C'était le plus bel armement qu'on eût vu depuis long-temps. Les églises et les communes d'Angleterre avaient prodigué leurs trésors pour cette grande et lucrative entreprise de la conquête de la France. Toute la haute noblesse était accourue sous la bannière royale. Outre les deux frères du roi, Clarence et Glocester, on comptait, dans cette brillante élite, 24 grands barons et 77 seigneurs bannerets. Sous leurs ordres marchaient 16,400 chevaliers et hommes d'armes et 6,400 archers à cheval ; plus, 16,000 de ces vaillants

(1) Le duc de Clarence commandait l'avant-garde ; le roi, le corps de bataille ; le comte de Salisbury, l'arrière-garde.

archers qui avaient gagné les batailles de Crécy, de Poitiers, d'Azincourt, et n'avaient pas de rivaux au monde ; 6 à 7,000 artilleurs, mineurs, pontonniers ; enfin, 1,000 ouvriers d'armée, charpentiers et maçons ; en tout, 47,000 hommes (1).

Le chef de cette armée était un homme de trente ans, d'une beauté mâle et imposante, à la mine fière et hautaine. Décrié pour les folies de sa première jeunesse, le trône l'avait soudainement transformé. Il étonnait maintenant par sa sobriété, sa rigidité puritaine, la gravité de ses discours et son respect pour les choses saintes. Sa piété n'était pas exempte d'ostentation. Prétendant à l'héritage de la couronne de France, il s'annonçait comme investi d'une mission divine pour châtier et réparer les iniquités des Français. Miséricordieux envers les faibles et ceux qui pliaient devant lui, il brisait impitoyablement tout ce qui résistait, et faisait des exemples terribles. Il couvrait ses desseins d'un secret impé-

---

(1) Rien de moins concordant que les chiffres donnés pour l'armée de Henry V par les historiens anglais et français. L'Anonyme, Elmham, Hollinshed, le Religieux de St.-Denys, Juvénal des Ursins, tous fournissent les éléments d'évaluations différentes, don la moindre est de 30,000 hommes et la plus élevée de 70,000. Je crois être arrivé, par une comparaison attentive de toutes ces données, au chiffre le plus voisin de la vérité. On sait combien il est difficile, même pour les armées modernes, d'obtenir un état exact des hommes présents sous le drapeau.

nétrable, et savait envelopper ses ennemis dans un réseau de négociations perfides, jusqu'au moment où il les frappait à coup sûr. Diplomate habile, administrateur infatigable, il était surtout général. Dans un temps où toute la stratégie féodale consistait à fondre impétueusement sur l'ennemi et à engager des combats corps à corps, lui seul savait la guerre. Personne, mieux que lui, ne s'entendait à organiser et à conduire une armée, à choisir son champ de bataille, à combiner des manœuvres et à préparer patiemment les résultats d'une campagne. Le plan qu'il suivit pour la conquête de la Normandie est, pour cette époque, une conception très-remarquable.

Un conquérant vulgaire, une fois maître d'Harfleur et de l'embouchure de la Seine, aurait poussé droit vers Rouen, au risque de se faire écraser entre les murs de cette place, où il était attendu, et toutes les forces de la province, encore intactes et réunies derrière lui. Henry V procéda autrement : débarquer dans le coude que forme la côte de Normandie, et où personne ne l'attendait; couper en deux la province par une marche rapide du nord au sud; paralyser ainsi la noblesse guerrière du Cotentin; forcer à la neutralité la Bretagne indécise et l'Anjou tout-à-fait hostile; de là, se rabattre sur la Seine au-dessus de Rouen, pour enlever à cette ville ses communications avec Paris, l'isoler, l'étouffer entre l'armée anglaise et Harfleur, et terminer enfin dans ses murs la prise de possession de la Normandie : telle fut la pensée conçue, exécutée par Henry V. Pour un capitaine du XV°. siècle, cette tactique ne paraît pas trop barbare.

Mais le point capital, le nœud de cette combinaison, c'était Caen, qui, une fois occupé, lui donnait un centre d'opérations fortement appuyé au rivage et ouvrait toutes les routes qui rayonnaient dans l'intérieur. Il pouvait, d'ailleurs, dans cette seconde capitale de la province, essayer un commencement d'organisation et inaugurer son rôle de duc de Normandie et de roi de France. Aussi plusieurs officiers de son Conseil, alléguant les difficultés d'une attaque contre une ville que les Français réputaient imprenable, le roi mit fin brusquement à la délibération en disant qu'on ne pouvait laisser derrière soi une place de cette importance; que sa chute entraînerait celle de toutes les forteresses d'un ordre inférieur : « C'est le partage des hommes de cœur, ajoutait-il, de s'attaquer d'abord aux choses périlleuses (1). »

Mais dans cette impétueuse volonté, toujours même prudence. La manœuvre circulaire qu'il

---

(1) Religieux de Saint-Denys, liv. XXXVIII, c. xii.

exécutera autour de Rouen, Henry V l'expérimente sur une moindre échelle, dans sa marche sur Caen. Parti de Dives le 14, au lieu de s'engager sur la chaussée de Varaville et de venir se heurter contre le faubourg de Vaucelles, il remonte la vallée de la Dive jusqu'à Troarn ; de là il va camper à Grentheville, où il célèbre, le 15, la fête de l'Assomption ; le 16, il loge à l'abbaye de Fontenay ; le 17, à Éterville (1). Il a ainsi coupé successivement les communications de Caen avec Honfleur, Rouen, Paris, Alençon, Falaise. Une autre opération, dont nous allons parler, lui donnait en même temps les routes de Vire et de Bayeux, tandis que ses vaisseaux, remontant l'Orne, fermaient le chemin de la mer. Impossible, dès-lors, au gouverneur de Caen d'attirer à lui les garnisons et les renforts des villes voisines. Ainsi, par le seul fait de sa marche, pareille au cercle que l'oiseau chasseur décrit autour de sa proie, Henry V avait opéré l'investissement de la ville. Il y a plus : à ce moment même, son heureuse étoile lui livrait les deux positions importantes qui en étaient comme les clefs.

Le roi avait envoyé en avant son frère Clarence avec mille cavaliers, pour éclairer les abords de

---

(1) Valsingham, p. 397.

la place. L'impétueux Clarence, plus soldat que le soldat lui-même, dit notre Anonyme, avait galopé vers Caen, et avait aperçu au-dessus des faubourgs les premières lueurs des incendies que les Français y avaient allumés. Il arriva à temps pour les éteindre, conserver les faubourgs et s'y établir. Pendant la nuit, s'il en faut croire les historiens anglais, les hommes de la garnison, désespérant de se maintenir dans l'abbaye St.-Étienne et ne voulant pas la laisser au pouvoir de l'ennemi, commencèrent, nonobstant le pieux scrupule des bourgeois de la ville, à miner secrètement les piliers et les tours de la basilique. L'incendie du monastère devait compléter l'œuvre de destruction. Un des moines surprit quelques paroles échangées (1), aperçut ou devina les préparatifs. Comprenant difficilement les exigences de la défense militaire et ne pouvant se résigner au sacrifice de l'auguste sanctuaire où s'abritaient sa foi et son humble existence, il s'échappa furtivement à la faveur des ténèbres, et parvint, en rampant sur ses mains et sur ses genoux, jusqu'au quartier du duc de Clarence. Il trouva ce frère d'un roi d'Angleterre couché, dans son armure de fer, sur l'herbe d'un petit jardin,

---

(1) « Audivit hæc insusurrari inter Francos quidam monachus ejusdem loci. » Id., Ibid.

avec une pierre sous la tête. S'agenouillant devant lui, il raconta ce qu'il avait vu et supplia avec larmes le duc de venir en aide à son monastère. « C'est à vous, noble duc, ajoutait-il, qu'il appartient de sauver notre saint asile, à vous qui descendez de la race des rois qui l'ont fondé, qui l'ont édifié, qui l'ont enrichi de leurs dons (1). » Cet antique lien de l'Église normande avec la descendance du Conquérant fut souvent rappelé et invoqué. Il explique les ménagements habiles dont Henry V usa envers le clergé de la province, et la résignation silencieuse avec laquelle celui-ci subit généralement la domination anglaise (2).

A la nouvelle apportée par le moine, le duc se leva brusquement, ordonna à ses gens de prendre des échelles, escalada le mur par un côté faible et pénétra dans l'enceinte de l'abbaye. Quelques

---

(1) « Vobis autem specialius convenit nostrum servare monasterium, qui de regum linea descendistis in locum nostrum, quem fundaverunt, exstruxerunt, atque dotaverunt. » Id., p. 398. — Voyez aussi le n°. 15 des Pièces justificatives.

(2) Il y eut toutefois de nombreuses exceptions : l'archevêque de Rouen, Louis d'Harcourt et les évêques de Bayeux et de Coutances quittèrent leurs sièges et la Normandie, plutôt que de reconnaître Henry V. Les deux derniers furent enveloppés dans le massacre des Armagnacs, qui ensanglanta les prisons de Paris, en 1418. Plusieurs curés de l'Avranchin furent chassés pour avoir refusé de prier pour le roi anglais. A Rouen, le chanoine Delivet dut racheter sa tête à prix d'or.

soldats et un petit nombre de paysans mal armés y avaient été laissés, plutôt pour faire montre, que pour opposer une défense sérieuse. Surpris et frappés de terreur, ils se laissèrent désarmer sans combattre. Le duc renvoya libres ces pauvres gens, les regardant comme indignes de son épée. Il se contenta d'en faire décapiter un qui avait été trouvé enlevant les ferrures des fenêtres. Le lendemain, les habitants de Caen virent avec douleur la bannière d'Angleterre flotter sur les tours de St.-Étienne. Ce jour même, et sans perdre de temps, le duc, avec les troupes de l'avant-garde qui l'avaient rejoint, alla enlever, de l'autre côté de la ville, les petits forts de l'Abbaye-aux-Dames, établit son quartier dans le monastère et s'y fortifia. Caen se trouva alors serré, comme entre les deux branches d'un étau, par deux redoutables bastilles qui touchaient et dominaient ses propres murailles.

V.

INVESTISSEMENT DE LA VILLE ET DU CHATEAU. — MOYENS INGÉNIEUX D'ATTAQUE ET DE DÉFENSE; ÉQUIPAGE DE PONT. ARTILLERIE, ETC., ETC. — LES ASSIÉGÉS REPOUSSENT TOUTE CAPITULATION. — PLAN D'ATTAQUE GÉNÉRALE ARRÊTÉ PAR HENRY V.

Ce fut le 18 août, c'est-à-dire un ou deux jours après ces événements, que le roi arriva avec le gros de l'armée sous les remparts de la ville. Clarence lui avait préparé ses logis : il l'alla recevoir à l'abbaye St.-Étienne, lui en fit les honneurs et l'installa dans le palais des ducs de Normandie. C'est là que, pendant la durée du siége, Henry V établit son quartier-général. Il plaça des vedettes sur les toits et dans les tours de l'église ; et plus d'une fois il alla lui-même étudier, du haut de cet observatoire, la situation de la place et les mouvements des assiégés ; il y fit même monter des canons pour éteindre les batteries de la ville et couvrir celle-ci de feux plongeants (1).

(1) « Gaudentem [Henricum] quod a tectis et turribus monasterii

Il distribua les forces qui devaient concourir au siége en quinze corps et dans l'ordre suivant : il se tint de sa personne, comme nous l'avons vu, à St.-Étienne, avec les troupes placées sous son commandement particulier (1). A sa droite, le comte de Warwick, sir John Gray, les comtes de Huntingdon et de Salisbury, et sir John Cornwayle s'échelonnaient, avec leurs corps respectifs, devant les Petits-Prés et dans la Grande-Prairie jusqu'à l'Orne. Au-delà de la rivière, le duc de Glocester et le comte de Pembroke occupaient le faubourg et la prairie de Vaucelles. Sur la gauche, le comte Maréchal, les sires de Maltravers, Gilbert Talbot, d'Umfréville, de Nevyl et de Willoughby enveloppaient les faubourgs de St.-Nicolas, St.-Martin, St.-Julien, bloquaient le château du côté de la campagne et donnaient la main au duc de Clarence. Celui-ci, établi à Ste.-Trinité et à St.-Gilles, fermait la ligne d'investissement. Tous ces corps communiquaient entre

valebat intueri quæcumque gerebantur in villa, et illic figere vel locare gunnas, quas Galli *canones* vocant, quibus validius villam infestare posset. » — Walsingham, p. 398.

(1) La chronique de Normandie place le logis du roi près de la porte Milet, c'est-à-dire à Vaucelles : « si fut le roy logé devers la porte Milet ». C'est une complète erreur. Outre le témoignage formel de l'Anonyme et de Walsingham, nous avons de nombreux actes émanés de Henry V, pendant la durée du siége, et datés tous de l'abbaye St-Étienne.

eux par des tranchées qui les abritaient du boulet; vers la campagne, ils étaient défendus d'une surprise par des fossés profonds revêtus d'épines (1).

Pour assurer les communications de l'armée sur le haut et sur le bas de la rivière, le roi disposait d'un équipage de pont qu'il avait amené d'Angleterre, et dont le mécanisme, aussi simple qu'ingénieux, mérite une mention particulière. C'étaient des bateaux de cuir tanné et revêtu d'un enduit imperméable, qu'on pouvait plier et déplier à volonté. On les tendait sur des châssis de bois mobiles et légers. Ils étaient ensuite fixés à quelque distance les uns des autres et en travers de la rivière, au moyen d'amarres fortement attachées aux deux rives. Sur ces arches mobiles et aussi solides, nous dit l'Anonyme, que les piliers d'un pont, on jetait un tablier formé de madriers, et l'on obtenait un appareil suffisant pour donner passage aux troupes et aux bêtes de somme : quelques heures suffisaient à l'établir. L'opération terminée, on démontait les châssis, on repliait les cuirs, et le tout, empaqueté et réduit à un petit volume, était transporté sur quelques charrettes à la suite de l'armée (2).

(1) Anonyme, f°. 35. — Hollinshed, p. 559. — Polydore Virgile, p. 450.

(2) « Supplebant in hoc ponte, columnarum vices, quadratæ navi-

Tout ce que la vieille tactique, tout ce que l'art nouveau, né de l'invention de la poudre, avaient imaginé de moyens d'attaque et de défense, fut mis en œuvre dans ce siége. Le roi, avec la puissante artillerie que ses vaisseaux lui avaient amenée, enveloppa la ville d'un cercle de batteries. Celles-ci étaient couvertes contre le canon et les sorties des assiégés par des levées de terre et des fossés. L'une d'elles, destinée à battre l'île St.-Jean du côté des Jacobins, a laissé des traces signalées par de Bras au XVIe. siècle, par Huet au XVIIe., et que l'on peut deviner encore aujourd'hui. Les canons qui les garnissaient étaient d'un tel calibre, qu'aux premières décharges, les vitraux du vieux St.-Étienne volèrent en éclats (1). Pointés horizontalement, ils faisaient de larges brèches aux murailles ; redressés suivant un certain angle, ils envoyaient dans la ville des boulets de fer ou de marbre d'un poids énorme, et qui, en retombant, écrasaient et renversaient des maisons en-

---

culæ, de ligniculis involutis corios frunito fabricatæ.... Resolutis ligniculorum compagibus in locum modicum de facili complicantur ; sed artificis studio faciliter religatæ, ad viros armiferos satis tute deferendum, ultra flumina sine naufragii discrimine disponuntur. » — Anonyme, f°s. 60 et 61. — On a expérimenté, en 1855, à St.-Cloud, un équipage de pont construit d'après un système analogue. Seulement, au lieu d'être en cuir, les bateaux étaient en caoutchouc.

(1) « Fenestræ vitreæ minutim confractæ. » Id., f°. 36, v°.

tières (1). Les Anglais lançaient aussi des espèces de bombes ou fusées, remplies de soufre et d'autres matières combustibles qui, s'enflammant en l'air, produisaient un feu inextinguible et allaient incendier les édifices que les boulets avaient démolis (2). En même temps des pièces plus légères, placées dans la tour centrale de l'abbaye St.-Étienne et sur les hauteurs de St.-Gilles, vomissant nuit et jour une grêle de balles de plomb, balayaient le rempart et tuaient un grand nombre d'habitants sur les places, dans les rues et jusque dans les maisons (3).

Les assiégés, de leur côté, répondaient vigoureusement à l'ennemi. S'ils n'avaient pas de ces canons monstrueux que nous voyons les Anglais

---

(1) « Petrarias... que continue ponderosos lapides, cum horrisono tonitru ac si de officiis Inferni procederent, emittentes, mole sua loca et domicilia ville ad terram prosternebant. » — Relig. de St.-Denys, l. XXXVIII, c. xii.

(2) « .... In concavitate sua stupas, sulfur et alia combustibilia continentes, qui, quociens contorquerentur, ignem inextinguibilem generarent, ut sic, que priores demolierant, flamma voraci valerent consumere. » — Relig. de St.-Denys, liv. XXXVIII, c. xxix. — Ces projectiles paraissent avoir beaucoup d'analogie avec les fusées volantes dont l'empereur Napoléon III a signalé l'emploi à la date de 1432. OEuvres de Napoléon III, t. IV, Histoire de l'artillerie.

(3) « In abbatiis predictis maximum numerum instrumentorum obsidionalium locaverant, que.... die noctuque incessanter glandes plumbeas et omnia genera missilium in urbem emittentes, quamplures ex habitatoribus repente interficiebant. » Relig. de St.-Denys, Ibid., c. xii.

traîner avec eux dans tous les siéges, leur tir était plus rapide et plus juste. Les Français, les Normands surtout, faisaient usage, dans la première moitié de ce XVe. siècle, de pièces d'une forme particulière. C'étaient de longs fauconneaux, munis, près de la culasse, d'une chambre s'ouvrant au moyen d'une porte à charnière et dans laquelle on plaçait une boîte cylindrique remplie de poudre. Les canonniers avaient un certain nombre de ces boîtes toutes chargées, que l'on remplaçait successivement avec une merveilleuse célérité (1). Peut-être les assiégés de Caen, comme firent l'année suivante ceux de Cherbourg, se servirent-ils de boulets de fer qu'on faisait rougir à la forge, et qui allaient porter l'incendie dans les logis et les travaux des assiégeants (2). Nous les voyons enfin employer, concurremment avec

(1) M. de Gerville, dans ses mémoires sur les anciens châteaux du département de la Manche, et M. Deville, dans son histoire des sires de Tancarville, ont parlé de cette espèce de canons qu'ils rapportent l'un et l'autre au commencement du XVe. siècle. M. Deville a même donné le dessin d'une de ces curieuses machines (Pl. III).

(2) On regarde généralement l'invention des boulets rouges comme relativement récente. Le texte de notre Anonyme prouve que les Normands s'en servirent au siége de Cherbourg contre les Anglais : « Ipsi etiam inclusi *massas ferreas rotundas, igneis candentes fervoribus*, a saxinomiorum (les canons) faucibus studuerunt mittere, quibus mansiones Anglicorum suis fossatis supereditæ, in flammas frequenter accensæ. » — Anonyme, f°. 54, v^o. — C'est donc à tort que les auteurs qui ont écrit sur la matière rapportent le premier emploi des boulets rouges au siége de Stralsund par l'électeur de Brandebourg, en 1676.

l'artillerie, les antiques balistes et catapultes qui lançaient sur l'ennemi des flèches gigantesques et des quartiers de rochers.

Infatigables, malgré leur petit nombre et les vices de leur position défensive, les assiégés ne quittaient point les murailles. Ils réparaient chaque nuit les brèches de la veille avec des pierres et des pièces de bois; ils faisaient de continuelles sorties, construisaient sous le canon de l'ennemi des ouvrages pour amortir le choc des boulets, et creusaient des fossés qu'ils garnissaient de pieux aigus et de chausse-trape. Le roi d'Angleterre, de son côté, faisait déboucher des chemins couverts dans les fossés et jusqu'au pied des murs de la ville, et là se faisaient tous les jours de belles appertises d'armes (1). Mais toutes les attaques partielles qu'il avait tentées avaient été repoussées. Il eut alors recours à la mine, art dans lequel les Anglais excellaient. Il dirigea des galeries souterraines sous plusieurs parties des murailles, étayant celles-ci à mesure, afin de les faire tomber quand on mettrait le feu aux étais; en même temps il faisait faire de fausses attaques sur d'autres points, afin de détourner l'attention des assiégés (2). Mais ceux-ci, plaçant sur

---

(1) Anonyme, f°. 36, v°.
(2) Polydore Virgile, p. 450. — Hollinshed, p. 559.

leurs murailles des vases de verre remplis d'eau, devinaient, par le tremblotement du liquide, le travail souterrain de l'ennemi (1) ; ils contre-minaient alors, et, dans ces régions ténébreuses, engageaient des combats sans merci, au pic et à la hache.

On arriva ainsi jusqu'au commencement de septembre. Mais il était évident que la résistance aurait un terme. Partout les remparts offraient de larges brèches ; dans l'intérieur on ne voyait que maisons renversées et noircies par l'incendie ; tout le quartier de la Porte-au-Berger avait été brûlé. L'église St.-Jean était labourée par les boulets de Clarence, et la tour du moulin de St.-Pierre s'était écroulée. L'église du vieux St.-Étienne, adossée au mur même de la ville, avait cruellement souffert dans sa tour et dans ses voûtes, malgré les ménagements de Henry V, qui avait ordonné aux canonniers de respecter ce saint lieu, et qui plus tard le fit réparer à ses frais (2).

(1) « Per tremula vitra, aqua plena et in preambulis murorum posita, cuniculos subterraneos preparari senserunt. » — Relig. de St.-Denys, l. XXXVIII, c. xxix.

(2) Henry V fit commencer la réparation de l'édifice. Quelques années plus tard, Henry VI, son fils, ou plutôt le duc de Bedfort, accorda, par lettres-patentes, aux paroissiens une somme de 100 livres « pour la réparation de leur église, tombée en ruine et décadence, par les grosses bombardes qui avoient tombé sur icelle et effondré la voûte pendant le-

Cependant ce prince commençait à s'inquiéter de cette opiniâtre résistance. Si bien instruit qu'il fût de la faiblesse et de la lenteur du gouvernement de Charles VI, qu'il amusait à ce moment même par des négociations dérisoires (1), il n'osait espérer qu'on laisserait tomber une place de cette importance, sans tenter quelque grand effort : il ne pouvait croire à tant de lâcheté. On annonçait de jour en jour l'approche d'une armée française, qui malheureusement n'existait pas. Il fallait la prévenir, soit par une capitulation, soit par une suprême et vigoureuse attaque.

Il envoya donc une dernière sommation à la ville et au château, exhortant les chefs à éviter l'effusion du sang chrétien (2) et à épargner aux habitants les horreurs d'une prise d'assaut ; car il avait, disait-il, la victoire dans sa main. Je croirais volontiers à la sincérité de ce désir de Henry V. Bien que naturellement dur et rigoureux, il n'aimait pas les boucheries inutiles, et n'avait pas ce goût féroce du carnage et de la

---

dit siége. » — Manuscrits de Gaignières (n°. 671), cités par l'abbé De La Rue, *Essais historiques*, etc., t. I, p. 228. Deux ans après, en 1428, le même roi accorda une pareille somme de 100 livres pour la réparation de l'église St.-Jean.

(1) Relig. de St.-Denys, liv. XXXVIII, c. xii
(2) « Effusionem sanguinis christiani declinare desiderans. » — Anonyme, f°. 36, v°.

destruction qui était alors un des tristes côtés de la chevalerie française.

Le sire de Montenay prit l'avis des officiers et des principaux de la cité. Après les nombreux messages envoyés à Paris et restés sans réponse, ces braves gens, destitués de tout secours humain et n'ayant plus d'espoir que dans la protection du Ciel et leur courage, renvoyèrent cette réponse : « La victoire est à Dieu seul ; si le roi d'Angleterre y compte, nous y comptons aussi : dût-elle nous échapper, nous sommes prêts à subir toutes les conséquences de la guerre (1). » Ces paroles simples et résignées furent comme le testament de la cité de Caen, disons mieux, de la Normandie entière. Ce noble exemple, en effet, sera suivi : pendant deux ans, dans cette province abandonnée, coupée en tous sens par des armées victorieuses, il se rencontrera à peine une ville fermée, une simple forteresse, qui cède sans avoir combattu. Falaise, Cherbourg, aussi bien que Caen, et Rouen par-dessus toutes les autres, pousseront la résistance jusqu'aux dernières limites des forces humaines.

Après avoir reçu la réponse des assiégés, le roi d'Angleterre résolut de donner un assaut général. Il réunit les chefs des corps d'armée, leur

---

(1) Thom. Elmham, *De vit. et gest. Henr. V.*

annonça l'affaire pour le lendemain 4 septembre, et leur dicta les instructions suivantes : à l'aube du jour, la trompette du roi devait donner le signal. Aussitôt, sur toute la ligne du siége, tous les corps sortiraient de leurs retranchements, convergeraient vers la ville et s'élanceraient aux murailles. Pour ne pas épuiser tout d'un coup l'ardeur et les forces de ses soldats, chaque capitaine partagerait sa troupe en trois colonnes. La première marcherait à l'assaut, la seconde suivrait pour l'appuyer, la troisième se tiendrait en réserve. Si l'attaque était repoussée, les première et deuxième colonnes se replieraient derrière la troisième, qui prendrait alors la tête, jusqu'à ce que les deux autres, un instant reposées, revinssent à la charge. Tous les corps devaient donner à la fois contre les points opposés à leurs quartiers; mais les deux principales attaques devaient partir des deux abbayes où étaient le roi et Clarence (1).

Les Anglais passèrent cette nuit d'une façon grave et solennelle; la journée devant être meurtrière, la plupart mettaient ordre à leur conscience. Ils étaient d'ailleurs pleins de confiance; le roi, disait-on, avait aperçu dans les airs une croix

---

(1) Anonyme, f°. 37.

lumineuse (1). Celui-ci dormit quelques heures, car il avait le sommeil court, mais impérieux et profond (2). Il se leva avant le jour, entendit trois messes l'une après l'autre, suivant sa coutume en ces grandes occasions, et fit de nombreux chevaliers qui allaient bientôt gagner leurs éperons.

On ne dormait pas non plus dans la ville. Bien que le roi d'Angleterre eût ordonné le secret le plus absolu, bien que le lendemain fût un dimanche et qu'il fût étrange d'être attaqué dans ce saint jour, il semble que les assiégés aient eu le pressentiment de ce danger suprême : après avoir, eux aussi, demandé au pied des autels la force qui fait les grands cœurs et donne la victoire, ils étaient venus se ranger, silencieux et résolus, derrière leurs remparts.

(1) Polydore Virgile, p. 451.
(2) « He slept verie little, but that verie soundlie, in so much that when his soldiers song at nights, or ministrels plaied, he then slept fattest. » — Hollinshed, Portrait de Henry V.

VI.

ASSAUT ET PRISE DE LA VILLE (4 SEPTEMBRE 1417).—GLOCESTER PÉNÈTRE PAR L'ILE SAINT-JEAN, HENRY V PAR L'ILE DES PRÉS. — MASSACRES AUX JACOBINS ET SUR LE VIEUX MARCHÉ. — PILLAGE DE LA VILLE; EXÉCUTIONS.

Le 4 septembre 1417, aux premières lueurs du jour, la trompette du roi d'Angleterre donna le signal convenu, que répétèrent aussitôt les clairons sur toute la ligne des assiégeants. Les colonnes anglaises s'élancent aux murailles et, contre leur attente, les aperçoivent garnies de défenseurs. Elles avancent néanmoins, et, sur tous les points, s'engagent des combats acharnés. Je ne reproduirai point ici le pompeux et classique récit que Walsingham et l'Anonyme ont donné de cet assaut, description banale, que l'on croirait fabriquée avec des centons de Virgile et de Lucain. On se figurera suffisamment le fracas des bombardes, les cris des combattants, les échelles appliquées aux murailles, les pierres, la chaux vive, l'eau bouillante pleuvant sur les assaillants, les monceaux de cadavres emplissant les fossés.

C'est surtout au point où était le roi que l'action fut vive, c'est-à-dire entre le vieux St.-Étienne et les Jacobins. Les Anglais, repoussés à maintes reprises, y perdirent leurs meilleurs officiers, entr'autres un vaillant homme de guerre, nommé Edmond Spring. Le premier, il avait escaladé le rempart; mais il tomba dans une des fosses que les assiégés avaient pratiquées par derrière. Ceux-ci l'accablèrent sous des matières enflammées; son corps, à demi-consumé, fut enseveli plus tard dans le chœur de l'abbaye St.-Étienne (1). Cependant les Anglais, exaspérés par la perte d'un compagnon qu'ils adoraient, et combattant sous l'œil du roi, redoublent de vigueur, s'emparent de l'*île des Prés* (2), et s'interposent ainsi entre les deux parties de la ville.

Tout à coup une nouvelle étrange se répand dans les rangs anglais. Un corps français considérable arrive, dit-on, au secours de la ville et se montre derrière les quartiers du roi. Henry V fait interrompre l'attaque, retire ses troupes et les range en bataille dans la prairie (3). Malheureu-

---

(1) Walsingham, p. 398.
(2) Huet, *Origines de Caen.*
(3) Anonyme, f°. 39.

sement ce n'était qu'une fausse alerte ; l'instant de répit et d'espérance que ce mouvement de retraite donna aux habitants fut bien court. Pendant ce temps, Clarence, descendu de St.-Gilles, avait franchi la rivière et fait brèche à la muraille, vers le point qui couvrait l'entrée de la Neuve-Rue. La majeure partie de la garnison s'était portée du côté du roi. Clarence pénètre par escalade dans l'île St.-Jean ; avec son impétuosité habituelle, il court donner l'assaut au châtelet de St.-Pierre, et emporte cette position centrale qui relie les deux villes (1). Il marche ensuite, en combattant de rue en rue, vers les Jacobins, pour donner la main à son frère, qui, ne voyant paraître aucun ennemi dans la campagne, a ramené ses troupes à l'assaut. L'hésitation se met alors parmi les assiégés, qui ne savent s'ils doivent courir au duc ou résister au roi (2). Les soldats de Clarence arrivent jusqu'au mur intérieur des Jacobins, précipitent les défenseurs dans le fossé, aident leurs compagnons à escalader les brèches. Débor-

(1) Anonyme, f°. 39.
(2) « Videbatur ipsis, qui tuebantur oppidum ex parte altera, ut, statione sua relicta, ad eam partem accurrerent, qua rex oppugnabat villam : sicque, rarescente in dicta parte defensore, dux Clarencie, factis instrumentis in loco qui putabatur tutissimus, muros scandit, et post terga Gallorum desiliens eos adeo repente terruit, ut ignorarent utrum juvaret potius procedere contra regem, aut reverti contra ducem. » — Walsingham, p. 398.

dés de toutes parts, placés entre deux feux, les Français tiennent encore et se font tuer dans l'emplacement de la Foire actuelle (1).

Maîtres de l'île St.-Jean et de l'île des Prés, Henry V et Clarence débouchent alors dans l'ancienne ville par les Petits-Murs et par le pont St.-Pierre. Là s'engage un nouveau combat. Le sire de Montenay, désespérant de sauver la ville, était parvenu, avec le reste de ses hommes d'armes, une partie de ses officiers et environ mille bourgeois, à regagner le château et à s'y enfermer. Les autres, reculant pied à pied devant Clarence et le roi, essayèrent une dernière résistance dans le vieux marché (2), long parallélogramme presqu'entièrement fermé et adossé, par une de ses extrémités, à la muraille même de la ville. Là, s'étaient entassés, combattaient et tombaient pêle-mêle les hommes armés, les femmes, les enfants (3). Henry V, arrivant au milieu de cette boucherie, aperçut, dit le vieil historien de Bras,

(1) Pour ce qui regarde l'attaque et la manœuvre de Clarence, j'ai suivi, outre mes autorités ordinaires, le récit très-circonstancié de l'abbé De La Rue, *Revue anglo-française*, t. V, p. 355.

(2) La place St.-Sauveur actuelle. « Il y eut si grande occision, à l'endroit du vieil marché, où le peuple s'estoit retiré pensant résister, que, etc. » — De Bras, p. 59.

(3) Suivant de Bras, on voyait encore, au temps de sa jeunesse, dans l'église du Sépulcre, des peintures qui représentaient cette scène, ainsi que les divers incidents du siége et de la prise de la ville.

une femme décapitée, qui tenait encore dans ses bras l'enfant qu'elle allaitait (1). Cette scène réveilla en lui les sentiments d'humanité. Il fit cesser le carnage et envoya aussitôt des hérauts proclamer partout qu'on n'usât d'aucune violence envers les femmes, les enfants et les clercs. Mais il permit le pillage, défendant toutefois, sous peine de mort, à ses soldats, d'entrer dans les églises (2). Alors retentit, dans toutes les rues, le terrible cri : *Havoc*, Pille ! Toutes les maisons furent forcées, les marchandises des fabriques et des magasins enlevées ou détruites. Le butin néanmoins ne répondit pas à l'attente des soldats, tous les objets précieux ayant été portés au château (3). C'était une proie dont le roi seul devait profiter.

Toute résistance avait cessé ; deux mille bourgeois, tombés les armes à la main dans cette journée, jonchaient de leurs cadavres les remparts et

---

(1) Le sang ruisselait par les rues, dit l'Anonyme ; et cette expression se trouve confirmée à la lettre par une requête que, quarante-sept ans après, en 1464, les bourgeois de Caen adressèrent à Louis XI, et où ils exposent que leur ville fut prise d'assaut par les Anglais, en 1417, et la population massacrée « tellement que le sang dévaloit à val la ville par les rues. » — Chartrier de la ville, t. I, fol. 76 et 77.

(2) Anonyme, f°. 39.

(3) « Urbem bonis omnibus evacuatam reperiunt. » Relig., l. XXXVIII, c. XII.

les rues (1). Henry V, entouré de ses officiers, se dirigea vers l'église St.-Pierre pour rendre grâces à Dieu de sa victoire. Il traversait une multitude éplorée qui, à genoux et lui tendant les mains, criait : *Mercy, mercy!* Il leur adressa quelques paroles consolantes et leur ordonna de se relever. Il fit ensuite publier que tous les habitants eussent à déposer leurs armes dans un lieu désigné (2).

La nuit venue, il fit occuper tous les postes; avec sa prévoyance ordinaire, il fit tenir ses soldats sous les armes et en bataille sur les places principales.

Le lendemain, le roi convoqua les échevins-gouverneurs de la ville, et les habitants notables, dans la maison du Conseil. Il leur montra un visage sévère, confisqua les biens de tous, mit le plus grand nombre à rançon et fit couper la tête à plusieurs pour leur *opiniâtre rébellion* (3). C'est

---

(1) Le Fèvre de Saint-Remy et Monstrelet ne portent qu'à six cents le nombre des défenseurs tués à la prise de la ville. Mais la requête que j'ai citée plus haut dit que, lors de l'assaut, les Anglais tuèrent de dix-huit à dix-neuf cents hommes. Quant à l'armée anglaise, « moult y perdit de gens », dit Saint-Remy, *Histoire de Charles VI*, c. 90. Henry V, au contraire, dans sa lettre à la Commune de Londres, n'avoue qu'une très-faible perte : « With right litell deth of oure peple. » Pièces justificatives, n°. 9.

(2) Anonyme, f°. 39; Hollinshed, p. 559.

(3) « Fur their vilfull stubbornesse. » Ces exécutions de sang-froid, après la victoire, sont attestées, pour Caen, par Hollinshed, p. 560, et

ainsi qu'il flétrissait leur patriotique résistance. Alain Blanchard eut à Caen des devanciers : moins heureux que lui, ils n'ont pas inscrit leurs noms sur les tables des martyrs de la patrie. Qu'ils reçoivent ici, du moins, ces généreux anonymes, un tardif hommage !

Ce jour même, Henry V écrivait aux aldermen de la ville de Londres une lettre triomphante, dans laquelle il leur annonçait sa victoire et demandait leurs prières pour le succès de ses armes (1).

Po'ydore Virgile, p. 452. On sait ce qui se passa à Rouen. Ce n'était point là malheureusement des actes isolés ; c'étaient autant d'applications d'un principe inflexible que Henry V avait adopté pour décourager toute résistance. « Sous le prétexte que c'est le droit des souverains de punir la désobéissance, il frappait de confiscation et passait ensuite par les armes ceux qui avaient résisté à force ouverte, *comme coupables de lèse-majesté.* » —Relig. de St.-Denys, liv. XXXVIII, c. xii. — Ce prince ne montrait pas plus d'indulgence pour la désobéissance de ses sujets : il condamna à mort un chevalier qui avait dépouillé un moine, et fit enterrer vif un soldat anglais qui avait abandonné son poste.

(1) Pièces justificatives, n°. 9.

VII.

SIÉGE DU CHATEAU. — LA GARNISON CAPITULE, SOUS LA RÉSERVE D'ÊTRE SECOURUE — PARIS REFUSE TOUT SECOURS. — MONTENAY REND LE CHATEAU A HENRY V (20 SEPTEMBRE 1417).

Rien n'était fini, cependant, tant que les Anglais n'avaient pas le château. Cette citadelle, l'une des plus vastes de la Normandie, avec son donjon, son palais royal, de nombreux hôtels, des rues, une église paroissiale, était une nouvelle ville à emporter (1). Le roi résolut de conduire encore lui-même ce second siége; il transporta son quartier-général de l'Abbaye dans la campagne, du côté Nord, sous un pavillon tendu de velours et de soie, et surmonté d'une grande croix d'argent (2). « Henry V voulait, dit l'Ano-

---

(1) Voy. la description de Jacques Du Clerq, aux Pièces justificatives, n°. 10.

(2) Anonyme, p. 39 v°. et 40. Cette croix était un emblême, sans doute, de celle que Henry V disait avoir vue au commencement du siége. Le récit de l'Anonyme, qui fait demeurer le roi sous la tente

nyme, être en mesure, à la fois, de recevoir l'ennemi du dehors s'il se présentait, et de soutenir les siens contre les sorties. » Il ne poussa pas trop vigoureusement le bombardement de la forteresse, de peur de ruiner ce magnifique ouvrage, qui était nécessaire à la garde de la ville, et qu'il aurait fallu refaire après (1) ; il se contenta de le serrer étroitement du côté des champs et vers la porte qui donnait sur la ville (2).

Le sire de Montenay était d'abord bien résolu de tenir à outrance derrière cette seconde enceinte : on annonçait de nouveau l'approche du Dauphin avec une armée. Les Anglais se mirent encore une fois aux champs pour le recevoir. Mais rien ne parut, et cette dernière lueur d'espoir s'évanouit pour les débris de la garnison. Une multitude effrayée de femmes, d'enfants, de gens étrangers à la guerre, qui s'était jetée dans la place, gênait la défense : les vivres manquaient pour tant de bouches inutiles ; le siége de la ville

---

jusqu'au jour de la reddition du château, paraît en désaccord avec les actes mêmes de Henry V, qui, pendant cet intervalle, sont tous datés de l'abbaye de St.-Étienne (actes du 11 au 20 septembre, dans les *Rôles normands*, p. 220-222). Il est probable que la chancellerie avait été laissée à l'abbaye, la distance qui séparait les deux logis n'étant pas assez considérable pour en exiger le déplacement.

(1) Polydore Virgile, p. 451.
(2) Anonyme, f°. 39 v°.

avait épuisé les munitions. Le roi d'Angleterre, d'ailleurs, menaçait de faire mourir les seigneurs français qu'il tenait prisonniers, et ceux-ci sollicitaient vivement le gouverneur de ne pas jouer leurs têtes par une résistance inutile (1).

Donc, le 8 septembre, Montenay envoya un parlementaire au roi, qui désigna le comte de Warwick et deux autres commissaires pour traiter de la capitulation du château (2). Les termes en furent honorables pour la garnison. — La vie des prisonniers faits dans la ville est garantie. — Le sire de Montenay remettra la place le 19 septembre, si d'ici-là il n'est secouru par le roi de France, le Dauphin ou le connétable d'Armagnac. — Tous les chevaliers, écuyers et soldats sortiront avec leurs chevaux, leurs armures, leur or et leur argent jusqu'à la concurrence d'une somme totale de 2,000 écus d'or (environ 120,000 fr.). — Les dames, les demoiselles et autres femmes conserveront tous leurs joyaux et ornements de

---

(1) Anonyme, *Ibid*. Je n'ai pu retrouver les noms de ces seigneurs prisonniers, si ce n'est celui d'un chevalier, nommé Louis Bourgoyse ou Bourgeois, qui, quelques mois plus tard, obtint la liberté et la restitution de ses biens, à la condition de se reconnaître homme-lige de Henry V (*Rôles normands*, p. 232, col. 1; 245, col. 2; 257, col. 2). Les autres, plus fermes dans leur loyauté, furent envoyés en Angleterre, ainsi que plusieurs bourgeois de la ville. — *Requête* des habitants de Caen à Louis XI, citée plus haut.

(2) Pièces justificatives, n°. 11.

corps et de tête (1). — Les bourgeois n'emporteront que la vêture de leurs corps, mais seront libres d'aller où ils le voudront. — Tout le demeurant d'or et d'argent, les vases précieux et autres biens quelconques, seront remis en la main du roi pour en faire son plaisir.

Six chevaliers et six écuyers furent remis comme ôtages entre les mains du roi. Mais, pour donner à ce traité la sanction plus solennelle de l'honneur féodal, le gouverneur, et tous les gentilshommes du château en jurèrent la fidèle exécution sur leur parole et *sur la peine du reproche* (2).

Ce délai de huit jours, conforme d'ailleurs aux usages militaires de ce temps, n'avait d'autre but que de couvrir l'honneur de la garnison. Personne ne s'abusait plus sur le résultat final, et Henry V parlait déjà, dans ses actes, du futur capitaine de *son* château de Caen (3). En attendant, il s'occupait d'étendre sa domination sur

(1) Un trait qui peint la galanterie chevaleresque de l'époque, c'est que cet article est le premier de tous dans le texte de la capitulation, dont j'ai un peu interverti l'ordre dans cette analyse.

(2) Pièces justificatives, n°. 13. La capitulation fut signée le 11 septembre. Mais tous les articles en avaient été convenus dès la veille, puisque le sauf-conduit accordé aux messagers envoyés à Paris par Montenay, pour en porter la nouvelle, est daté du 10. — Pièces justificatives, n°. 12.

(3) Le 12 septembre. Pièces justificatives, n°. 15.

le pays environnant. Villers, Creully, Thury s'étaient rendus ; Bayeux, assiégé par le duc de Glocester, avait d'abord subordonné sa soumission à celle du château de Caen ; puis, apprenant que celui-ci avait capitulé, il avait ouvert ses portes. Les ecclésiastiques sollicitaient des lettres de protection contre les violences des soldats; et, dès le 7 septembre, le roi d'Angleterre, fidèle à sa politique, faisait délivrer de ces sauves-gardes à 124 prêtres, chapelains, moines, de Caen ou des environs, qui lui avaient prêté serment de fidélité. Il leur accordait la permission d'aller en quelque part qu'ils le voudraient, du duché de Normandie, ou du royaume de France, à la charge d'être de retour avant la Toussaint dans leurs paroisses ou leurs couvents (1). Dès le commencement même du siége, le 22 août, plusieurs moines de l'abbaye de St.-Étienne, que la frayeur avait chassés de leur monastère occupé par l'ennemi, demandèrent et obtinrent nominativement la permission d'y rentrer. Le 12 septembre suivant, le roi accordait à tous les religieux de cette maison et à leurs gens un pardon général et complet (2).

Cependant le sire de Montenay avait dépêché,

---

(1) Rymer, t. IV, *pars* 3, p. 14 et 15.
(2) Pièces justificatives, nos. 8 et 15.

vers le Conseil du Roi à Paris, deux de ses officiers, Jean de Flourigny et Jean de Grosmont, pour demander qu'on le secourût. « Nous avons, dirent-ils, malgré la perte d'un grand nombre des nôtres, soutenu long-temps les attaques de l'ennemi. Maintenant nous sommes à bout de forces ; la brèche est ouverte en plusieurs points, et nous allons être contraints à reddition, si vous n'envoyez incontinent à notre aide. » Les messagers ne reçurent, des conseillers de Charles VI, que cette lâche et dérisoire réponse : « Nous sommes, pour le présent, fort travaillés par le duc de Bourgogne ; nous ne pouvons donc faire droit à votre demande. Nous vous engageons, néanmoins, à vous défendre avec votre constance accoutumée (1). » Pensant alors avoir assez fait pour l'honneur et pour son pays, le sire de Montenay, au jour convenu, sortit de sa forteresse par la porte des champs et s'achemina vers la tente du roi d'Angleterre. Il y fut reçu en grand appareil par Henry V, entouré de ses frères et de ses grands-officiers, et remit entre ses mains les clefs du château (2).

(1) Relig. de St.-Denys, l. XXXVIII, c. XII.
(2) La convention fut fidèlement observée par Henry V. Je trouve dans les *Rôles normands* un sauf-conduit, daté du 20 septembre, et accordé au sire de Montenay, ainsi qu'à mille personnes étant dans le château, chevaliers, soldats, bourgeois, dames et demoiselles, pour se

Ainsi tomba cette grande et héroïque cité de Caen. Appuyée sur la France, armée pour la soutenir, elle eût peut-être fait reculer l'invasion et l'eût rejetée à la mer. Trahie, non par son courage, mais par un gouvernement imprévoyant et coupable, elle ouvrait maintenant aux Anglais le reste de la Normandie et le cœur du royaume (1).

Maître du château, Henry V y établit sa demeure, dans le *manoir du roi*, magnifique palais, construit par les anciens ducs de Normandie, ses

---

rendre de Caen à Falaise. Rymer rapporte un autre sauf-conduit de la même date, valable comme le premier pendant trois jours, et accordé pour la même destination à mille bourgeois de Caen. Je dois dire que, d'après les historiens anglais, les vaincus n'exécutèrent pas scrupuleusement, de leur côté, toutes les clauses de la capitulation. Ainsi, les dames enfermées dans le château, auxquelles cet acte garantissait la conservation de leurs « ornements de corps et de tête, » auraient emporté de grandes sommes d'or et d'argent cachées dans des outres remplies d'eau, sous prétexte de la chaleur. Aussi Walsingham s'écrie-t-il, avec une risible indignation : « C'est ainsi que *ces ingrats de Français* répondirent aux bienfaits de la munificence de notre roi, envieux qu'ils étaient de ses profits *(invidentes ejus commodis)* ! » — Quant aux biens d'église qui étaient dans le château, Henry V en remit une grande partie aux établissements auxquels ils avaient appartenu, au fur et à mesure de leur soumission.

(1) Je n'exagère point ici à plaisir les conséquences de la prise de Caen. C'est le jugement qu'en portèrent les contemporains, et Henry V tout le premier : « on rapporte qu'il s'était vanté à plusieurs reprises, en présence de ses principaux seigneurs, qu'une fois en possession du port d'Harfleur, de l'importante ville de Caen et de sa citadelle, il pouvait se regarder comme maître de la Normandie. » Relig., *loc. cit.*

ancêtres, et que le moine voyageur Raoul Tortaire avait admiré au XIIe. siècle. Il y célébra, par des fêtes splendides, les heureux commencements de son entreprise, et conféra l'ordre de chevalerie à un grand nombre de ses vaillants compagnons (1). Cette habitation, d'où la vue s'étendait sur la cité conquise et sur la riche contrée environnante, avait pour le roi d'Angleterre des charmes singuliers. Il se complut à l'embellir, s'y fit construire une chapelle domestique, et à l'ancien jardin, qui attenait au palais, fit ajouter un jardin nouveau. C'est là que, dans les courts intervalles que lui laissait la guerre, après les siéges d'Argentan, d'Alençon, de Falaise, il venait se reposer de la rude vie des camps ; loisirs laborieux qu'il employait à organiser l'administration du pays soumis. Nous le voyons résider au château de Caen du 20 septembre au 1er. octobre 1417, du 24 au 27 février 1418, du 21 avril au 29 mai de la même année (2). Le 30, Henry V quitta Caen, qu'il ne devait plus revoir, pour aller terminer, par la prise de Rouen, la conquête de la Normandie et chercher, dans Paris, cette couronne de France qu'une mort prématurée devait lui dérober au moment du triomphe (1422).

(1) Hollinshed, p. 560.
(2) *Rôles normands*, et collection de Bréquigny, an. 1417 et 1418.

ÉPILOGUE.

Le patriotisme des habitants de Caen survécut à la ruine de leur ville. Henry V garantissait à tous ceux qui voudraient rester la conservation de leurs biens, l'abolition de la gabelle et de nouveaux priviléges, à la condition de lui jurer fidélité, comme au vrai roi de France et vrai duc de Normandie (1). Bien peu se résignèrent à échanger, contre ces bienfaits d'un ennemi, le sacrifice de leur loyauté. Plus de vingt-cinq mille d'entre eux choisirent la misère et l'exil, plutôt que de baiser la main qui avait violé le sol de leur patrie et ensanglanté leurs murailles (2). Les uns se dispersèrent dans les villes voisines, y portant une haine vigoureuse contre l'étranger et l'exemple de la résistance. Les autres, en plus grand nombre, émigrèrent en Anjou, dans l'Ile-de-France et jusque dans les Flandres. Mais ce fut la

---

(1) Anonyme, f°ˢ. 40 et 41.
(2) Relig., *loc. cit.*

Bretagne surtout qui recueillit ces nobles exilés (1). A Rennes, tout un quartier fut peuplé par les drapiers de Caen, qui dotèrent cette ville d'une industrie nouvelle, naguère l'orgueil et la richesse de leur cité natale.

Henry V fit d'incroyables efforts pour se faire accepter des populations normandes. En vain invoque-t-il, à chaque instant, son titre de descendant des glorieux ducs de Normandie : la Normandie ferme ses portes, les habitants émigrent en masse. Partout le vide se fait autour de lui, et, dès le 11 septembre, il fait écrire aux magistrats de Londres d'envoyer des gens pour repeupler les places conquises (2).

A Caen, il distribua à ses sujets d'outre-mer les hôtels déserts des bourgeois, et leur donna en mariage les riches héritières (3) : il voulut faire

(1) Voy. mon travail sur les *Insurrections populaires en Normandie au XVe siècle*, p. 5 et 6, et les *Actes de Bretagne* de D. Morice.

(2) Voy. la lettre du duc de Clarence à la commune de Londres. Pièces justific., n°. 14.

(3) « Ainsi les maisons de Caen, occupées par de nouveaux hôtes, apprirent à obéir à la Majesté royale. » Anonyme, f°. 39. Les *Rôles normands* de la collection de Bréquigny renferment un très-grand nombre de donations de maisons faites, à Caen, à des Anglais. La première donation authentiquement connue est du 10 décembre 1417. Le premier mariage mixte entre un anglais et une française est du 30 septembre. Voy. pièces justificatives, n°. 19. « Les mères elles-mêmes, dit le Religieux, étaient forcées de s'expatrier avec leurs enfants, à l'exception de celles qui se résignaient à épouser des anglais. » L. XXXVIII, c. xxv.

de cette ville une colonie anglaise, comme Calais, comme Harfleur. Il y institua un capitaine, un bailli, un commandant des portes avec les attributions et les prérogatives dont jouissaient ceux de Calais (1). Il y créa une Chambre des comptes anglaise (2) ; son fils Henry VI y fonda une Université anglaise. Mais rien n'y put étouffer l'esprit de la France. Le petit noyau d'indigènes qu'on y avait tolérés, les fils des proscrits qui rentrèrent furtivement un à un, absorbèrent, avec une irrésistible puissance, l'élément étranger, et conservèrent pieusement le souvenir de la mère-patrie. Trente-trois ans plus tard, une nouvelle armée vint développer ses bataillons autour des remparts de Caen : c'était une armée française, cette fois. Les habitants saluèrent avec enthousiasme les blanches bannières de Charles VII ; ils tendirent les mains à ses soldats, comme à des libérateurs et à des frères, et rentrèrent joyeux et fiers dans le sein de la France. Race vraiment vaillante et fidèle, que cette population normande, où l'on trouva toujours, alliés dans un concert admirable, le légitime sentiment de sa personnalité et le

---

(1) Pièces justificatives, nos. 20 et 21.
(2) Il est fait mention de l'Échiquier des comptes siégeant à Caen dans un acte du 22 décembre. — *Rôles normands*, p. 241, col. 1. Pièces justificatives, n°. 22.

dévouement absolu à la patrie commune ; et dont on peut dire, que jamais province ne fut plus française, sans cesser d'être elle-même !

NOTES ET PIÈCES JUSTIFICATIVES.

I.

DESCRIPTION DE L'ANCIEN CAEN.

La plus ancienne description que je connaisse de cette ville est celle qu'en a donnée Belleforest, dans le premier volume de sa *Cosmographie*, écrit en 1574. D'après le témoignage même de l'auteur, et comme il est facile, d'ailleurs, de s'en assurer, son texte n'est qu'une analyse des notes que lui avait fournies, sur ce sujet, M. de Bras, sieur de Bourgueville, alors lieutenant-général du bailliage. On peut même conjecturer que ces notes avaient été communiquées à Belleforest, avec un plan de la ville, avant l'année 1562, puisque la tour de l'église du Sépulcre, qui fut démolie par le duc de Bouillon dans cette même année, figure encore sur le plan. Or, depuis les événements que j'ai racontés jusqu'à cette époque, rien ne prouve que l'aspect et la distribution de la ville de Caen aient sensiblement changé. Je crois donc que les notes de de Bras, qu'il publia lui-même plus tard dans ses *Recherches et antiquitez de la ville de Caen*, peuvent, en très-grande partie, s'appliquer à l'état de choses qui existait en 1417, c'est-à-dire, moins d'un siècle et demi auparavant.

« Ceste ville de Caen, dit-il, est de tous recogneue la seconde ville en ordre de la province de Normandie, et la première du bas pays du Duché..... Ceste ville, au jugement de chascun qui la voit et la contemple, est l'une des plus belles, spacieuse, plaisante et délectable que l'on puisse regarder, soit en situation, structure de murailles, de temples, tours, pyramides, bastiments, hauts pavillons et édifices, grandes et larges rues au nombre de quarante, sans celles des faubourgs ; accompaignee et embrassee tant d'amont que d'aval, de deux amples et plaisantes prairies, de largeur viron demy lieuë, et de longueur a perte de veuë, encloses d'assez grosses et hautes collines ou costaux, au pied desquels flue et reflue ceste grosse rivière d'Oulne (comme Ptolomée l'appelle), et de present vulgairement nommee Orne, qui la ceint et orne selon le flot et reflot de la mer qui l'enfle deux fois le jour......, circuit la Cercle, qui est une plaisante île et lieu de recréation, appartenante aux frères Jacobins ; puis flue par dessoubs le pont Saint-Jaques, le long de deux moyennes prairies, qui séparent la ville de ce costé là, fort plaisantes, encloses d'un costé de la grosse rivière d'Ourne, et de l'autre de la rivière de Oudon. . . . .

« Ceste rivière d'Orne coulle et descend, de dessoubs ce pont Saint-Jaques, le long des murailles de la ville par dessoubs le pont Saint-Pierre, sur lequel est situee la maison commune de ladite ville, de fort ancienne et admirable structure, de quatre estages en hauteur, en arcs-boutans fondez dedans la rivière sur pilotins, laquelle flue par trois grandes arches : et aux coings de cest édifice et maison, sont quatre tours qui se joignent par carneaux, en l'une desquelles (qui faict le beffroy), est posée la grosse orloge. Ceste quelle maison, pont et rivière separent les deux costez de la ville, de façon que les quatre murailles d'icelle commencent, finissent et aboutissent sur ce pont, anciennement appelé de Dernetal.. . . . .

« Et de la haute salle de ceste maison, où se font les assemblees et conventions publiques, l'on void, au droit de la rivière, vers l'Orient, arriver les navires venans de la mer, chargez de précieuses et rares marchandises que l'on descend à l'endroit de dix grands quais du quartier de l'Isle (St.-Jean) et quatre du quartier de la grande ville, aux greniers, celliers et magazins de la longue et tortue rue des Quaiz; aux uns les vins par les *francs bremans*, aux autres le sel par les *francs porteurs*, les épiceries, saumons, morues, et poissons sallez ; les pommes, meubles, cuirs, bois et autres sortes de marchandises par un grand nombre de porteurs ou crocheteurs, selon les temps et négociations qui se font par les marchants forains et estrangers, comme aussi les marchants de la ville y font charger des bleds, beurres, laines, pastel qu'on appelle voisdes, pruneaux, toilles, chanvre, cordages, que autres plusieurs derrees.

. . . .

« Ceste même grosse rivière coule de dessoubs ce pont et maison de ville tout le long des murailles vers les Carmes jusques à la tour du Mareschal..... au bas de laquelle se r'assemblent les eauës des trois cours et canaux de la rivière, après avoir embrassé le circuit de l'Isle de Saint-Jean, dont l'un des cours flue par dessoubs le grand pont de Vaucelles, que l'on appelle le pont

Frilleux, par quatre grandes arches; et l'autre moindre cours, par le costé de l'Hostel-Dieu, qui faict moudre deux gros moulins soubs l'une des grosses tours de la ville, et se rejoignent les trois cours en un large et profond canal, lequel se continue assez cinueux et tortueux le long de l'autre grande prairie qui en est arrousée et humectée jusques à la mer, ou ce fleuve se desgorge au port et havre de Oistrehan, à trois petites lieuës de la ville. . . . .

« Je ne puis raisonnablement obmettre que les murailles de ceste ville sont si hautes et larges que trois hommes de front y peuvent aisement marcher, et que l'on y va aussi fréquentement que par les rues, chose de grande remarque, par ce que cela ne s'offre à l'endroit d'autres villes. »

De Bras, Recherches et antiquitez de la ville de Caen, p. 3 à 9.

II.

POPULATION DE LA VILLE DE CAEN AUX XIVe. ET XVe. SIÈCLES.

Je crois être resté au-dessous de la vérité en évaluant à 40,000 âmes la population de la ville au commencement du XVe. siècle. J'ai pour garantie un document officiel du XIVe. En 1363, une rixe élevée entre les habitants de la ville et les gens d'armes de la garnison, devint une bataille furieuse dans laquelle vingt gentilshommes des troupes royales furent tués. Quelque temps après, le roi Charles V accorda aux bourgeois de la ville une lettre d'abolition pour cette sédition. Un fragment de cette pièce existe encore dans le chartrier de la ville. On y lit (f°. 16) : « et en ce avoit eu tel rumour quil si estoit assemblé *plus de quarante mille personnes*, demourans et habitans en ladite ville. » Or, il est vraisemblable que la population entière ne se trouvait point réunie sur le théâtre de la lutte. D'un autre côté, si, en 1363, c'est-à-dire peu de temps après le désastre de 1346, la population était de plus de 40,000 âmes, elle n'avait assurément pu décroître pendant la longue paix qui précéda l'an 1417.

III.

RÉGLEMENT CONCERNANT LA FABRICATION DES DRAPS ET SERGES, A CAEN, CONFIRMÉ PAR CHARLES V. — 1367.

« Charles, par la grâce de Dieu, etc, sçavoir faisons que nous avons receu la supplicacion des Drapiers et ouvriers de draps et sarges de la ville de Caen, contenant, comme en plusieurs bonnes villes de nostre Royalme et aultres ou l'en œuvre de draperie et choses semblables, soit ordenné que chascun drap soit de certaine moison (mesure) et signé de certain signet de plomb, pour eschiver toutes fraudes et desfauts que l'en y pourroit commettre, *en ladite ville de Caen ou l'en œuvre d'ancienneté grant foison du mestier de draperie, et de sarges*, n'a eu jusques a ore aucunes ordennances de moison, ne poinct de signet de draps et ès sarges qui y sont faicts et faictes, ou (au) grant dommage du pueple et de ceulx qui les acheptent, qui cuident (pensent) que iceulx draps et sarges soient tous d'une moison en long et en lès; et il y en a plusieurs qui sont mendres que les aultres.

« Et pour pourveoir à ce, et aussy aux fraudes et desfauts que l'en y pourroit commettre, lesdits supplians ont avisé certaine ordennance sur ce, sçavoir :

« Que chascun drap faict en ladite ville de Caen et ès fauxbourgs d'icelle, ait XXIV verges de long ;

« Les grants sarges V verges et demie de long et IV verges et demie de lé ;

« Les moyennes ayent V verges de long et IV de lé ;

« Et les petites, IV verges de long et III et demie de lé ;

« Et les pannois III verges et III quarts de long et III verges de lé ;

« Et aussy que lesdits draps et sarges soient signés et signeez aux deux bouts de certain signe de plomb, qui sera ordenné sur ce ; et que doresenavant nous aurons et prendrons sur chascun drap, II deniers tournois et sur chascune sarge ung denier, qui seront levés en nostre main et à nostre prouffit par celuy qui portera ou mettera ledit signet.

« Et que chascun an seront ordennés trois desdits supplians dudit mestier, lesquels, avant que ledit signe y soit mis, visiteront bien et duement tous les draps et sarges faicts et faictes en ladite ville et verront s'ils seront de bonne et loyal fachon, et des moisons dessus dites ; et se il y en a aucun qui ne soient bons et loyaux, ou qui ne soient de moison, ou que l'en porte hors sans estre signés dudit signet, ils seront fourfaicts et nous seront acquis.

« Pour quoy, Nous, considérans, etc., louons, approuvons, ratifions et confirmons ladite ordennance, etc.

« Par le Roi, signé G. de Montagu. Paris, mars 1367. »

Bibliothèque impériale, fonds Colbert, vol. XXX.

On voit, par cette ordonnance, qu'en 1367 la draperie de Caen était depuis long-temps florissante et avait acquis alors assez d'importance pour mériter l'attention et l'intervention du pouvoir central. Quant à la matière première, elle l'avait en abondance sous la main, et mettait même en œuvre des laines de qualité supérieure, si l'on en juge par une clause du testament de Henri de Tilly, seigneur de Fontaine-Henry, qui, au XIIIe. siècle, légua à l'abbaye d'Ardennes des moutons et des chèvres de Séville :

« Dedit etiam abbatie de Ardena haracium *(un haras)* et boves et *oves et capras de Sevilla.* »

Ce testament très-curieux est cité presqu'en entier par M. de Caumont, au t. Ier. de la *Statistique monumentale du Calvados.*

J'ai dit que l'industrie de la draperie ne s'était jamais relevée, à Caen, du coup que lui porta l'invasion anglaise. Je trouve, à la vérité, au XVIIIe. siècle, un réglement pour les drapiers de Caen. Cela prouve, qu'à cette époque, on essaya d'y ressusciter cette fabrication, mais sans grand succès. Aux XVIe. et XVIIe. siècles, de Bras et Huet, qui énumèrent minutieusement toutes les industries de Caen, ne parlent pas des drapiers.

IV.

POPULATION OUVRIÈRE DES FAUBOURGS.

Le faubourg St.-Julien et plusieurs autres quartiers n'étaient habités que par des ouvriers et de petits cultivateurs. Les bourgeois et marchands n'y voulaient pas demeurer, parce que leurs marchandises n'y étaient pas franches et exemptes des droits de coutume. C'est ce qui ressort d'une charte de Henry V (1421-1422), citée par l'abbé De La Rue :

« *Item*, iidem burgenses, incolæ et inhabitantes consueverunt esse et fuerunt liberi et quieti de custuma, in prepositura de Cadomo, omnium suorum denariorum et mercaturarum, exceptis certis domibus in villa predicta, quarum habitatores ab hujusmodi custuma liberi non fuerunt; *in quibus idcirco nolebant mercatores commorari, sed solum artifices et alii operarii.* » — *Litt. pat. Henr. V.*, an. VIII°. regni ejusd.

V.

ARMEMENT DES FORTERESSES DE SAINTE-TRINITÉ, DE SAINT-ÉTIENNE ET DU SÉPULCRE.

Je trouve, dans le procès-verbal de la *Visite des forteresses du bailliage de Caen*, faite, en 1371, par Regnier Le Coustellier, bailli de Caen, les articles suivants, relatifs à ces trois établissements :

« *Jeudi XIXe. jour de febvrier.* L'abbeie de Sainte

Trinité de Caen fut visitée par les diz commissaires, et fut commandé à Madame l'Abesse, après ce que la Commission des commissaires out esté leue, et aussi à Monsieur Erart de Parchy, cappitaine de la dicte abbeye, que la forteresche fust mise en estat de toute deffence, de toutes reparacions, tant de garites, fossés et autrement, et aussi garnie de vivres et d'artillerie convenablement, selon une sedulle qui leur fut baillée soubz le scel du bailli, et temps prefigié jusques au premier jour d'avril prochain venant.

« *Item*, ledit jour furent semblablement pour viseter l'abeie de St Estienne de Caen ; et fut commandé à l'abbé et à monsieur Rogier Suhart, chevalier, cappitaine, que l'ostel fust aparilié semblablement, etc. ; et temps préfigié au premier jour d'apvril.

« *Vendredi XXe. jour de febvrier.* — *Item*, le vendredi XXe. jour de febvrier, les diz commis furent au Sepulcre de Caen, qui firent commandement au doyen du lieu et aux chanoines, que le dit fort fust mis en estat de denz III sepmaines, etc. » *Visite des forteresses*, etc., publiée par M. de Caumont, d'après un manuscrit du fonds Gaignières (t. II, n°. 661), dans le XIe. volume des *Mémoires de la Société des Antiquaires de Normandie*.

VI.

MARCHE DE L'ARMÉE DE HENRY V.

Henry V s'établit, le 2 août, dans la ville de Touques et assiège le château qui capitule le 3, et se rend le 9 (*Rôles normands*, publiés par la Société des Antiquaires, t. XV, p. 263); le château d'Auvillars est assiégé par le comte de Salisbury, capitule le 7, et se rend le 14 (*Ibid.*, p. 265). Pendant ce temps, un corps détaché avait fait contre Honfleur une entreprise dont les historiens anglais ne parlent pas, mais que Juvénal des Ursins et le Religieux de Saint-Denys attestent d'une manière positive. Ce dernier en parle même comme d'un siége en règle, qui dura pendant les trois premières semaines d'août et qui se termina par la retraite des Anglais. Si Henry V parut à ce siége, il n'y fit que de courtes visites; car nous avons des actes de ce prince, datés de Touques, le 3, le 6, le 8, le 9, le 10 du mois d'août, et nous savons qu'il coucha à Dives, le 13. — Voir les *Rôles normands* p. 216, 217, 218, et le texte de Walsingham (p. 397) qui, à partir du 13 jusqu'au 18, donne, jour par jour, l'itinéraire de Henry V. C'est ce texte qui nous a servi à établir plus haut (p. 34) les étapes de l'armée anglaise depuis Dives jusqu'à Caen. Le vendredi 13 août, le roi passe la nuit dans la ville de *St.-Sauveur-de-Tybe* (Dives); le lendemain, samedi, 14, il couche près de *Granville* (Grentheville), où il passe le dimanche 15, fête de l'Assomption; le lundi 16, il couche à l'abbaye de *Fontenes* (St.-André-de-Fontenay); le mardi 17, près du village d'*Estutevyle* (Éterville); le mercredi 18, il paraît devant la ville de *Cane* (Caen).

VII.

MISE EN ÉTAT DE SIÉGE DE LA VILLE DE CAEN.

De Bras donne de curieux détails sur les mesures d'urgence que l'on prenait, à Caen, en cas de siége :

Avitaillement du château. — « Quand il s'est faict bruit

de guerre, l'avitaillement du chasteau a esté faict par les habitans des vicontez de Caen, Bayeux, Vire, Fallaise et le Pont-l'Evesque : et celle de Caen fournit de bleds, Bayeux de bleds et de beurres, celle de Vire de lards, Fallaise partie de bleds, pois et febves, et celle d'Auge de cidres..... Mais si tost qu'il y avoit eu un traité de paix publié, [ce qui restoit] desdits vivres estoit restitué à ceux qui les avoyent fournis, comme raison estoit. » — *Recherches et antiquitez*, etc., p. 57.

Guet et arrière-guet. — « J'ay bien voulu à cest endroit (De Bras poursuit ici l'analyse d'un ancien matrologe de la ville, qu'il fait remonter au XIV°. siècle), faire notable mémoire du privilège du guet qui est tel :

« Que le sieur capitaine dudit Caen, la nuict doibt commettre un *mareschal du guet*, pour obvier aux bruits de nuict, et qu'il ne se commette aucuns larcins ni insolences. Lequel mareschal convoque à ceste fin les *Bordiers*, c'est-à-dire locataires qui n'ont maison, et ne sont bourgeois, en nombre suffisant, et estant soubs le pont S¹ Pierre, dit de Dernetal, qui est la maison de ville, et en temps d'yver, doibt avoir du feu et chandelle en une lanterne haute eslevée, et s'il se faict quelque bruit, ledit mareschal et aucuns des siens s'y doibt transporter et se saisir de tels mutins, et les mettre à l'une des tours dudit pont jusques au jour, et les rendre à la justice sans en prendre aucune cognoissance, et par le juge ordinaire en est faict le procez et ordonné de telle punition qui appartient au cas.

« Mais *en temps de guerre*, outre ledit guet, il se faict un *arrière-guet*, de l'auctorité du sieur Bailly, ou ses lieutenans, comme maire de ladite ville, par seize bourgeois et leurs gens. au tour et ordre, qui font la ronde par dessus les murailles, après que le guet y est assis aux portes et centinelles, et si ceux lesquels y ont esté envoyez n'y sont trouvez, ou s'ils ne disent le mot du guet qu'on leur a baillé, lesdits bourgeois les font emprisonner à l'une desdites tours du pont, pour en estre faict justice comme dessus. Et faut notter que le mot du guet se baille par le plus grand seigneur qui soit en la ville et que huit bourgeois, du nombre de seize, et leur suitte vont par l'un des costez de la ville, et les autres de l'autre, puis viennent se rendre sous le pont, et ainsi se continue le guet jusques au jour, en temps de guerre; sous lequel pont y a tousiours un corps de garde. » — *Ibid.*, p. 54.

Cette organisation appartenait non-seulement à l'époque où écrivait De Bras, mais aussi à celle qui nous occupe. La preuve en est dans le passage suivant : « Le sieur capitaine du chasteau, pour entretenir son mareschal du guet et continuer l'ordre que dessus, prend les gaiges de trois cens livres par an sur les deniers communs de la ville. Messire Yvon de Garencières, qui en fut capitaine, en prétendoit six cens. Mais Monsieur Philipe, duc de Bourgogne, accorda ledit Garencières et les eschevins gouverneurs de la ville, en lui payant trois cents livres de gages par an, et mille livres pour les arrérages, le vingtième d'avril 1403, recours audit accord estant au chartrier de la ville. » — *Ibid.*, p. 55.

VIII.

MILICE BOURGEOISE DE CAEN.

« En ceste ville, pour y maintenir un bon ordre, il y

a vingt et deux dizainiers ou dizaines d'hommes, tant en la ville que fauxbourgs, à sçavoir quatorze du costé de la grande ville, et huit du quartier de l'Isle et Vaucelles, et sont esleuz vingt et deux jeunes hommes par ledit sieur Bailly, gens du Roy et Gouverneurs, pour avoir la charge desdites dizaines, et qui en cognoissent les hommes, biens et facultez pour les faire fournir d'armes. » — De Bras, *Antiquitez*, etc., p. 55.

Je vois à la même page qu'au temps de De Bras, le corps de la milice bourgeoise s'élevait à « deux mille trois à quatre cents hommes » commandés par un *coronal*, ou colonel, et divisés en trois compagnies, dont chacune avait un capitaine et une enseigne. La première était fournie par le quartier de St.-Pierre, la seconde par le quartier de l'Isle et St.-Jean *(sic)*, la troisième par les quartiers de St.-Sauveur, Notre-Dame, St.-Estienne et le Bourg-l'Abbé. On voit par là que les bourgeois de la ville étaient seuls appelés à composer cette garde urbaine, et que les habitants des faubourgs en étaient exclus, tandis que les vingt-deux dizaines se recrutaient partout.

Quant aux cinquante arbalétriers de Caen, ils furent institués en 1358, sur le modèle de ceux de Rouen, en vertu d'une charte de Charles, régent de France. — *Trésor des chartes*, reg. LXXXVII, n°. 86.

IX.

LES HABITANTS DE CORMEILLES TENUS DE GARDER LA PORTE MILET. — 1347-1381.

Charles VI confirme en 1381 un jugement rendu en 1347 par le bailli de Caen, Regnaut Machart, en faveur des habitants de *Cormelles-lez-Caën*, jugement qui les déclare francs de toutes « coutumes, païages, tailles, aydes, d'ost, de ban et d'arrière-ban, de subsides et autres subvencions, » à la condition de garder à leurs coûts et dépens, la porte Milet, toutes les fois que le Royaume serait en guerre, ou que le Roi ou le duc de Normandie serait dans la ville. — *Ord.*, t. VI, p. 586, Mai 1381.

X.

PERMISSION ACCORDÉE, PAR HENRY V, A PLUSIEURS MOINES DE L'ABBAYE DE SAINT-ETIENNE DE RENTRER DANS LEUR MONASTÈRE. — 22 AOUT 1417.

Rex per litteras suas patentes, usque tercium diem septembris proximi futuri duraturas, suscepit in salvum et securum conductum Matheum Le Daunoys, Willelmum Le Roy, Johannem Filbert, Johannem Hardy, Johannem Varyn, Radulfum Estame et Martinum Le Gorry, de ducatu regio Normannie usque abbatiam S^{ti}. Stephani de Caen, in ducatu regio predicto veniendo, ibidem morando et exinde ad propria redeundo, ac bona sua quecumque, etc. Teste Rege apud abbatiam predictam xxvij° die Augusti. — *Rôles normands*, etc., p. 247.

XI.

LETTRE DE HENRY V A LA COMMUNE DE LONDRES, POUR LUI ANNONCER LA PRISE DE CAEN. — 5 SEPTEMBRE 1417.

Littera domini regis Majori et Aldermanis missa.

BY THE KING.

Right trusty and welbeloved, we grete you often tymes

wel, doyng to undirstonde that on seint Cuthbertes day, the translation, God of his high grace send unto oure handes oure town of Caen, by assault and with right litell deth of oure peple, wherof. We thanke our Saviour so loweliche as we can or may, prayng you that ye dothe same and as devoutely as ye can, cetefying you also that we and our host been in good prosperite and helth, thankyd be God of his mercy, who have you in his kepyng. Yeven under our signet, in our sayd town of Caen, the V^e. day of septembre.

Post-Scriptum. — Fferthermore afar the date of this letres, our castell of Caen ys yolden to us, and hostages leyd, upon this condition, but yif they be rescowed by bataille to be yoven unto us by oure adversaire of France, other his son called the dolphin, other therle of Ermenak, be the XIX day of the sayd moneth of septembre. — *Archives de la mairie de Londres*, reg. I, fol. 200; *Monuments français qui se trouvent en Angleterre*, publiés par M. Jules Delpit, 1 vol. in-4°., p. 220.

XII.

CHATEAU ET DONJON DE CAEN.

« Oppidum..... in monte constructum et altis menibus circumcinctum, quod, quamvis inexpugnabile crederetur, minime tamen dubitaret [rex Angliæ] quin sibi in finalibus subderetur. » — Relig. de St.-Denys, L. XXXVIII, c. 12.

« Icelluy chastel est l'un des forts de la Normandie, garni de haye et grand boullevert de moult dure pierre, assis sur une roche, laquelle contient autant que la ville de Corbeil, ou celle de Montferrant; et il y a dedans un donjon très-fort, fait d'une large et haute tour carrée, de la fachon de celle de Londres ou du chastel d'Amboise, et environné de quatre grosses tours maçonnées depuis le pied des fossés jusques au haut, à l'esgal de la terre, lesquelles tours sont moult hautes; puis est fermé de fortes murailles et hautes, tout autour, selon la quantité des tours dessus dites. » — *Mém.* de Jacques Du Clerq, ad an. 1450, dans la collection Buchon, t. XII, p. 71 et suiv.

XIII.

POUVOIRS DONNÉS, PAR HENRY V, AUX COMMISSAIRES CHARGÉS DE TRAITER DE LA REDDITION DU CHATEAU DE CAEN. — 8 SEPTEMBRE 1417.

Rex dilectis et fidelibus suis Ricardo, comiti Warenne (1), Henrico Fitz-Hugh', camerario nostro, Waltero Hungerford, senescallo hospicii nostri, et Johanni Cornewaill, chivaler, salutem. Sciatis quod nos fidelitate, discretione et provida circumspectione vestris plenius confidentes, dedimus vobis plenam, tenore presencium, potestatem et auctoritatem ad tractandum, communicandum cum Willelmo, domino de Mountenay, capitaneo castri de Caen, in ducatu nostro Normannie, de et super omnibus et singulis negociis, causis et materiis, deliberacionem (2), sive sursum reddicionem castri predicti in manus

(1) Le comte de Warwick.
(2) C'est-à-dire la *livraison* du château aux mains du Roi.

nostras, qualitercunque concernentibus. Promittentes nos ratum, gratum et firmum habituros totum et quicquid nomine nostro feceritis in premissis. In cujus, etc. Teste Rege apud abbatiam S^{ti} Stephani, juxta villam regiam de Caen in ducatu regio Normannie; viij die septembris. Per ipsum Regem. — *Rôles normands*, etc., p. 217.

XIV.

SAUF-CONDUIT ACCORDÉ, PAR HENRY V, AUX DÉPUTÉS ENVOYÉS VERS LE ROI DE FRANCE PAR LA GARNISON DU CHATEAU DE CAEN. — 10 SEPTEMBRE 1417.

Rex per litteras suas patentes, usque vicesimum diem septembris proximi futuri duraturas, suscepit in salvum et securum conductum Johannem de Flourigny, chivaler, et Johannem de Gromont, in castro de Caen ad presens existentes, usque civitatem Parisius, cum duodecim personis, vel infra, in comitiva sua, armatis vel non armatis, transeundo, et abinde usque castrum predictum reveniendo, ac equos, armaturas, res et bona sua quecumque. Proviso semper quod ipsi erga Regem et populum suum, in eundo et redeundo, bene et honeste se gerant et habeant. In cujus etc. Teste Rege apud abbatiam S^{ti} Stephani, juxta villam regiam de Caen in ducatu regio Normannie. X°. die septembris. — *Rôles normands*, etc., p. 217.

XV.

CAPITULATION DU CHATEAU DE CAEN. — 11 SEPTEMBRE 1417.

C'est l'appointement et accord fait et accordé par

cestes lettres endentees (1) le xiᵉ jour de ce present mois de septembre, par entre le comte de Warrewyke, capitaine du Calys (2), le sieur de Fitz-Hugho, chamberlein, monsieur Waulter Hungreforde, grand maistre d'ostiel du Roy, et monsieur Jehan de Cornewaille, commis du tres haut et tres puissant prince Henry, par la grace de Dieu Roy de France et Dengleterre et seigneur Dirlande, dune part, et Guillem sieur de Mountenay, cappitaine du chastelle de Caen, dautre part.

Premierement, que toutes les damez, damoiselles et autres femmes emporteront touz lieurs habillemens de corps et de testes, et ledit sieur de Mountenay jurera quils nemporteront autres choses.

Item, que les prisonniers, pris en la ville, de quelque estat quils soient, auront leurs vies sauvées; s'aucuns ny en a traitours au Roy Dengleterre et de France nostre souverain seigneur.

Item, toutz les chivaliers, escuiers et soldeours, et autres, de quelque estat quils soient, esteant en dit chastelle, seront frans et quitez de leur vies et de prison.

Item, auront les chivaliers, escuiers et tous les autres souldeours dedeins ledit chastelle, leurs chivalx, harnois et vesture de leurs corps, forspris arbalastres, treit et autre artielarie (3). Et pourront de leur propres biens

---

(1) Les traités et contrats étaient écrits en double sur une même feuille de parchemin, que l'on divisait ensuite en donnant à la découpure la forme de dents; chacune des parties contractantes gardait un exemplaire de l'acte, et lorsqu'on voulait en constater l'authenticité, on rapprochait les dents.

(2) Le comte de Warwick, gouverneur de Calais.

(3) *Artillerie.* On désignait alors, sous ce nom, non-seulement les canons, mais toute machine de jet.

emportier, en ore, argent et monoye, jusques en la somme de deux mille escuz.

Item, que les bourgeois en emporteront la vesture de leurs corps, et sen pourront seurement aler quelque part que leur plerra sanz aucuns destourbier. Et ceulx qui veulent demourer soubs l'obbeissance du Roy nostre souverain seigneur, il leur fera tiel grace come bon luy semblera.

Item, que tout le demourant d'or, argent, vesselles et autres biens quelconques, dedeins le dit chastelle esteant, sera mys devers le Roy, pour en faire son bon plaisir.

Item, que si le dit chastel n'est soucourru par la personne du Roy, adversaire de nostre dit souverain seigneur, ou le Daulphin son filz, ou le conte Darmaignac, connetable, à force de gens, dedeins le XIXe jour de ce present mois de septembre, que adonques Guillem, sieur de Mountenay, est et sera tenuz, par la foy et serement de son corps et sur la payn de tout reproche, de rendre ledit chastel lendemain à matin, es mains du Roy nostre souverain seigneur ou dautres par luy commis.

Item, le dit sieur de Montenay baillera douze hostages cest assavoir cinque chivalers et Philippe de Gremaude, cappitayne des Jannenois (1), et vj escuiers. Et en cas que le dit chastel soit rendu ou soucourru a jour susdit comme dit est, que les ditz hostages soient clerement livrez audit sieur de Montenay.

Item, si ainsi soit que le dit chastelle ne soit soucurré ou rendu à jour susdit, que adonques soit au plaisir du Roy nostre souverain seigneur de faire justice des hos-

---

(1) Philippe Grimaldi, capitaine des arbalétriers génois, au service de la France.

tages et des prisonniers, asqueux il a fait grace jusques au dit jour.

Item, ne sera fait nulle guerre a dit chastel par ceulx de dehors, ne ceulx de dedains ne feront nulle guerre à ceulx de dehors durant le temps avant dit.

Item, que le dit sieur de Montenay sera jurez par le serement de son corps, que les diz chivalers et escuiers et souldeours nemporteront outre la somme de deux mille escuz.

Item, que en rendant le dit chastel, le dit Montenay et les dessusditz auront bon, seur et loial sauf-conduit et bonne conduite des gens du Roy pour aler quelque part que leur plerra. Et que à leur personnes, en nulle manière, ne à leurs biens avant ditz, on ne mettra la main, ne ne sera donné aucun destourbier ou empeschement de la partie du Roy.

Item, que le dit sieur de Montenay sera jurez par la foy et serement de son corps que, durant le temps susdit ne sortira, ne ne partira nulle personne hors du dit chastel sanz licence du Roy nostre souverain seigneur. Et que le dit chastel ne sera empiré en nulle manière des biens ne autrement, ne nulles biens mussez (cachés), ne eurez soubz terre ou autrement.

Et a toutz ceulz articles bien et loialement tenir et performir, sanz fraude ou mal engyn, le dit sieur de Montenay et toutz les gentilz hommes dedeins le dit chastel seront jurez par la foy et serement de leurs corps et sur la payn de reprouche.

Et en tesmoignance de les choses dessus escriptes, les parties dessusdiz ont mis à ces présentes leur seales (sceaux); lesquelles feurent escriptes et scalés le xj jour susdit, lan mille quatre cens et xvij. — *Rôles normands* de la Ve. année de Henry V, publiés dans le XVe. volume des *Mémoires de la Société des Antiquaires*, p. 264.

XVI.

LETTRE DU DUC DE CLARENCE A LA COMMUNE DE LONDRES, POUR LUI ANNONCER LA PRISE DE CAEN ET LA CAPITULATION DU CHATEAU. — 11 SEPTEMBRE 1417.

Littera ducis Clarencie Majori et Aldermanis missa.

LE DUC DE CLARENCE,

Tres chiers et bien amez, nous vous saluons souvent et de cuer, et vuellez savoir que despuis que nagaires vous rescrimes par Johan Risby, nostre serviteur et messager, il a plieu à nostre seigneur Jhesu Crist, de sa grace, que Monseignour le Roy a prins et gaigné de assault la ville de Caen, dequelle le chastell est en treté et condition qe, s'il n'est rescoux per l'adversaire de France ou son fitz ainé, ou le conte d'Armaignak, conestable de France, entre-cy et le XIXe. jour du moys de septembre ou quel nous suymes a present, adonques les cliefs seront renduz et delivrées à Monseignour le Roy. Et auxi est vreys que plusiours aultres villes et chasteaulx et forteresses se sont rendus à l'obbeissance de Monseignour; desquelles villes chastelx et forteresses nous avons chargé au porteur de cestes vous bailler les nouns par escript, et nous semble que veritablement o l'aide de Dieu et du bonn commencement que Monseignour a, que dedeins brief il aura son propos et entente et victorie de ses ennemis et rebelles. Ne n'est necessité par dessa de chose du monde, *fors que de gentz pur pueplier et garder les dictes villes et forteresses ;* et tres chiers et bien amés, le benoist saint Espirit soit de vous garde.

Donne soubz nostre signet, en ladite ville de Caen, le XIe. jour du mois de septembre.

A nos trez chiers et bien amez, les maire et aldermans et aultres bonns gentz de la cité de Lonndres. — *Archives de la mairie de Londres*, reg. I, fol. 200°. Publié par M. Jules Delpit, *loc. cit.*

XVII.

PARDON ACCORDÉ, PAR HENRY V, AUX MOINES DE SAINT-ÉTIENNE DE CAEN. — 12 SEPTEMBRE 1417.

Rex, etc. Sciatis quod Nos, attendentes quod pax Ecclesie et Religionis unitas auctorem facti provenit in sublimo quodque supra condignum ei retribucio non deerit (1), per quem nullis rugis ecclesia secernitur, nullis maculis religio variatur ; idcirco ex affectu et devocione sinceris, quos ad Deum et ecclesiam immaculatam, ejus sponsam, ac plantatam ab eo religionem sacram, gerimus et habemus ; de gracia nostra speciali perdonavimus monachis abbatie S^{ti}. Stephani de Cadomo, que de fundacione Willelmi quondam regis Anglie et ducis Normannie, progenitoris nostri, et nostro patronatu existit, omnimodas prodiciones, insurrecciones, rebel-

(1) Ce texte a été mal lu et ne presente aucun sens. On le rendra, je crois, plus intelligible en lisant ainsi : .....quod pax Ecclesie et Religionis unitas auctorem facti *provehit in sublime*, quodque supra *condigna* ei retribucio non deerit.

liones, felonias, conspiraciones, confederaciones, transgressiones, offensias et mesprisiones ac alia maleficia quecumque per ipsos, seu eorum aliquem, ante hec tempora qualitercumque facta sive perpetrata; ac ipsos et eorum quemlibet ad fidelitatis et ligeancie juramentum nobis prestandum admisimus, et eos et eorum servientes, bona mobilia et immobilia quecumque infra ducatum nostrum Normannie constituta ad dictam abbatiam spectancia sive pertinencia, in nostram protectionem recepimus et defensionem speciales.

Et idcirco prohibemus ne quis predictos monachos aut eorum servientes seu ministros, in personis, bonis aut rebus quibuscumque, perturbet, molestet, inquietet, aut gravet; sed eos eisdem rebus et bonis uti et gaudere permittat libere et quiete.

Concessimus insuper eisdem monachis, ut omnes et singulos homines tenentes et servientes suos ducatus nostri predicti, ad nostram fidem et ligeanciam venire volentes, ad nostram presenciam seu capitanei ville nostre de Cadomo, seu capitanei *castri nostri* ejusdem ville, pro recipiendo ab eisdem fidelitatis et ligeancie juramento, adducere valeant et possint salvo et secure. In cujus, etc. Teste rege apud abbatiam regiam predictam, xij die septembris. Per ipsum Regem. — *Rôles normands*, etc., p. 220.

XVIII.

LETTRES DE PROTECTION ACCORDÉES, PAR HENRY V, AUX RELIGIEUSES DE L'ABBAYE DE SAINTE-TRINITÉ DE CAEN. — 15 SEPTEMBRE 1417.

Rex, etc. Sciatis quod suscepimus in protectionem et

defensiones nostras speciales omnes et singulas moniales, que fuerunt de abbatia Ste Trinitatis de Cadomo, que de fundacione Willelmi quondam regis Anglie et ducis Normannie, progenitori nostri, et nostro patronatu existit, usque villam S^{ti}. Michaelis de Grama, in ducatu nostro Normannie, cum sex familiaribus in comitiva sua, transeundo et ibidem morando, ac homines, servientes, terras, tenementa et bona sua quecumque..... Teste Rege apud abbatiam regiam S^{ti}. Stephani de Cadomo, etc. xve die septembris. Per ipsum Regem. — *Rôles normands*, etc., p. 220.

XIX.

SAUF-CONDUIT ACCORDÉ, PAR HENRY V, A GUILLAUME DE MONTENAY, CAPITAINE DU CHATEAU DE CAEN. — 20 SEPTEMBRE 1417.

Rex, per litteras suas patentes, usque vicesimum tertium diem septembris proximi futuri duraturas, suscepit in salvum et securum conductum Willelmum, dominum de Montenay, in castro Regis de Cadomo in ducatu suo Normannie ad presens existentem, ab eodem castro, *cum tot personis*, in eodem castro Regis similiter existentibus, *quot cum eodem Willelmo ire voluerint*, ad quascumque partes regni sui Francie sibi placuerit transeundo, videlicet milites, armigeros et soldarios, equos et hernesia sua, ac vesturam corporum suorum, exceptis balestis et aliis artillariis quibuscumque; necnon pecunias suas proprias in auro, argento, seu alio quocumque genere monete, usque summam duorum millium scutorum : ac eciam burgenses ville Regis de Cadomo vesturam suam, eorum corporibus pertinentem, et etiam omnem ornatum, apparatum, seu habilimentum pro corporibus et capitibus dominarum, ancillarum et aliarum feminarum in eodem castro existencium. Proviso semper quod ipsi quidquam, quod in Regis contemptum vel prejudicium, aut populi sui dampnum aliqualiter cedere valeat, non attemptent, seu presumant quovismodo attemptare : quodque nullus cum prefato Willelmo transeuncium proditor Regi existat. In cujus, etc. Teste Rege apud abbatiam regiam S^{ti}. Stephani de Cadomo, etc. xx° die septembris. Per ipsum Regem. — *Rôles normands*, etc., p. 222.

XX.

SAUF-CONDUIT ACCORDÉ, PAR HENRY V, A MILLE PERSONNES POUR ALLER DU CHATEAU DE CAEN JUSQU'A FALAISE. — 20 SEPTEMBRE 1417.

Rex, per litteras suas patentes, usque vicesimum tercium diem septembris proximi futuri duraturas, suscepit in salvum et securum conductum mille personas, vel infra, in castro regio de Cadomo existentes, cujuscumque conditionis fuerint, ab eodem castro usque villam de Phaleys, in ducatu regio Normannie, transeundo, videlicet milites, armigeros, soldarios, equos, hernesia sua, ac vesturam corporum suorum, exceptis balestis et aliis artillariis quibuscumque, ac eciam burgenses, etc., *ut supra usque* ibi existencium, *et tunc sic :* necnon omnia bona sua que secundum formam convencionum inter carissimum consanguineum regium, Ricardum comitem Warr., et alios fideles Regis, et Willelmum dominum de Montenay, appunctuatarum et sigillatarum, licebit aut licet eisdem secum deferre et portare. Proviso semper, etc. *ut supra.* In cujus, etc. Teste Rege, *ut supra*, xx° die septembris. Per ipsum Regem. — *Rôles normands*, p. 222.

XXI.

**HENRY V MARIE UNE HÉRITIÈRE DE CAEN A UN ANGLAIS.
— 30 septembre 1417.**

Rex, etc. Sciatis quod..... licenciam dedimus Johanni Convers, ligeo nostro Anglico, quod ipse cum filia Ricardi Cauvet, de villa nostra Cadomo..... maritare possit. Et ulterius de uberiori gracia nostra concessimus eidem Johanni domum, in villa predicta, quam idem Ricardus inhabitavit, ac omnes terras, quas idem Ricardus extra dictam villam habuit, habendas et tenendas eidem Johanni et heredibus suis... in perpetuum. In cujus, etc. Teste Rege apud castrum regium de Cadomo, xxx° die septembris. Per ipsum Regem. — *Rôles normands*, etc., p. 228.

XXII.

**HENRY V NOMME GILBERT UMFRAVILLE CAPITAINE DE CAEN.
— 30 septembre 1417.**

Rex, etc. Sciatis quod Nos de fidelitate et circumspecione dilecti et fidelis nostri Gilleberti Umfranville plenius confidentes, constituimus ipsum capitaneum ville nostre de Cadomo, in ducatu nostro Normannie, habendum et occupandum officium predictum quamdiu nobis placuerit, percipiendo in eodem officio omnimoda vadia, feoda et proficua eidem officio debite pertinencia, sive spectancia. Damus autem eidem Gilberto plenam, tenore presencium, potestatem litteras salvi conductus prisonariis, per aliquos soldarios nostros de villa predicta captis seu ex nunc capiendis, pro redemptione et financia suis querendis, et magistris suis in hac parte solvendis, dandi et concedendi. In cujus, etc. Teste Rege apud castrum regium de Cadomo, xxx° die septembris. Per ipsum Regem. — *Rôles normands*, etc., p. 219.

XXIII.

HENRY V NOMME HENRY BROMLEY, ÉCUYER, GARDIEN DES PORTES DE LA VILLE DE CAEN. — 30 SEPTEMBRE 1417.

Rex, etc. Sciatis, quod de gracia nostra speciali et pro bono servicio, Nobis per dilectum armigerum nostrum, Henricum Bromley, impenso et impendendo, concessimus ei officium janitoris ville nostre de Cadomo, habendum et occupandum officium, quandiu se bene gesserit in eodem; percipiendo, in eodem officio, omnimoda vadia, feoda, proficua, commoditates et alia quecumque eidem officio aliqualiter pertinencia, sive spectancia, adeo integre et *eodem modo sicut janitores nostri villarum nostrarum Calesie et Harfleu* aliqua vadia feoda seu proficua in officiis suis habent et percipiunt. In cujus, etc. Teste, *ut supra*, xxx° die septembris. Per ipsum Regem. — *Rôles normands*, etc., p. 219.

XXIV.

L'ÉCHIQUIER DES COMPTES ÉTABLI A CAEN PAR HENRY V. — DÉCEMBRE 1417. —

Rex, etc. Sciatis quod commisimus Lodowico de Percy, capellano, custodiam omnium terrarum et tenementorum que fuerunt Jamet de Percy, armigeri, defuncti, infra ducatum nostrum Normannie, et que, per mortem predicti Jamet et ratione minoris etatis heredis ejusdem Jamet, in manus nostras devenerunt; habendam prefato Lodowico custodiam predictam..... reddendo inde nobis annuatim *ad Scaccarium nostrum Cadomi* quatuor libras Tournois, ultra omnia onera..... Teste Rege in exercitu suo prope villam Falesie, xxij° die decembris. Per ipsum Regem. — *Rôles normands*, etc., p. 241.

TABLE.

	Pages.
INTRODUCTION	7-12

I. Caen au commencement du XVe. siècle. — Population, commerce, industrie. — Aspect de la ville. . . . 13-17

II. Topographie militaire de Caen. — Avantages et vices de sa fortification. — Le sire de Montenay, gouverneur en 1417. 18-22

III. Débarquement du roi d'Angleterre à Touques. — Mesures de défense prises par les magistrats de Caen. — Faiblesse de la garnison. — Courageuse réponse des habitants à Henry V. — Ils s'opposent à la destruction des deux abbayes. 23-29

IV. Forces de l'armée anglaise. — Portrait de Henry V; sa tactique et son plan de campagne. — Caen est la clef de la province. — Marche de l'armée anglaise sur cette ville. — Glocester enlève les deux abbayes. . . . 30-37

V. Investissement de la ville et du château. — Moyens ingénieux d'attaque et de défense; équipage de pont, artillerie, etc., etc. — Les assiégés repoussent toute capitulation. — Plan d'attaque générale arrêté par Henry V. 38-49

VI. Assaut et prise de la ville (4 septembre 1417). — Glocester pénètre par l'île St.-Jean, Henry V par l'île des Prés. — Massacres aux Jacobins et sur le vieux marché. — Pillage de la ville; exécutions. 50-56

VII. Siége du château. — La garnison capitule, sous la réserve d'être secourue. — Paris refuse tout secours. —

— 98 —

Montenay rend le château à Henry V (20 septembre 1417)..	57-64
Épilogue.	65-68
Notes et pièces justificatives.	69-96

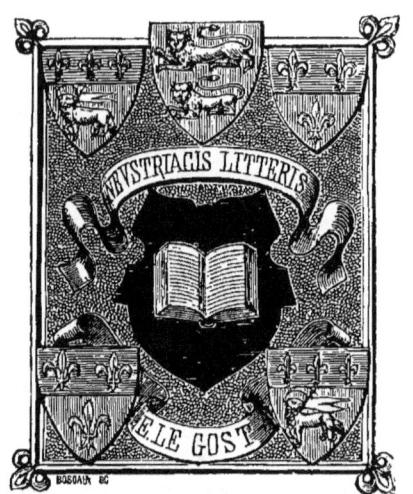

IMPRIMÉ A CAEN CHEZ A. HARDEL
AUX FRAIS ET PAR LES SOINS
DE E. LE GOST, ÉDITEUR
EN M DCCC LVIII

Caen, typ. de A. Hardel

www.ingramcontent.com/pod-product-compliance
Lightning Source LLC
Chambersburg PA
CBHW070301100426
42743CB00011B/2301